计算机基础教育创新型教材
普通高等院校计算机基础教育系列精品教材

# 信息技术导论

主 编 ◎ 张小梅

北京理工大学出版社
BEIJING INSTITUTE OF TECHNOLOGY PRESS

## 内容简介

本书根据教育部"信息技术课程标准（2021年版）"编写，采用了模块化教学模式，结合实际应用案例，将晦涩难懂的概念、算法、理论，用通俗易懂的语言描述出来，展现了新一代信息技术的发展。本书不仅包括短视频制作、程序设计基础、计算机使用安全等符合国家教学大纲的知识点，更将新一代信息技术中的物联网、5G、云计算、大数据、人工智能、区块链等技术融会贯通。

本书适合应用型本科、职业院校"信息技术"课程教学使用，也可供相关技术人员参考。

**版权专有　侵权必究**

### 图书在版编目（CIP）数据

信息技术导论 / 张小梅主编. --北京：北京理工大学出版社，2023.7

ISBN 978-7-5763-2600-0

Ⅰ.①信… Ⅱ.①张… Ⅲ.①电子计算机 Ⅳ.①TP3

中国国家版本馆 CIP 数据核字（2023）第 131459 号

---

出版发行 / 北京理工大学出版社有限责任公司

社　　址 / 北京市海淀区中关村南大街 5 号

邮　　编 / 100081

电　　话 /（010）68914775（总编室）
　　　　　（010）82562903（教材售后服务热线）
　　　　　（010）68944723（其他图书服务热线）

网　　址 / http：//www.bitpress.com.cn

经　　销 / 全国各地新华书店

印　　刷 / 河北盛世彩捷印刷有限公司

开　　本 / 787 毫米×1092 毫米　1/16

印　　张 / 10.75　　　　　　　　　　　　　　责任编辑 / 高　芳

字　　数 / 263 千字　　　　　　　　　　　　　文案编辑 / 李　硕

版　　次 / 2023 年 7 月第 1 版　2023 年 7 月第 1 次印刷　责任校对 / 刘亚男

定　　价 / 45.00 元　　　　　　　　　　　　　责任印制 / 李志强

图书出现印装质量问题，请拨打售后服务热线，本社负责调换

# 前言

  人类社会正在从信息化、数字化时代迈向智能化时代，新一代信息技术深度赋能新应用，不断推进智慧社会的发展。学习并掌握新一代信息技术，不仅是当代大学生的使命，也是全社会所有劳动者应共同承担的责任，普及和推广新一代信息技术刻不容缓。

  本书不仅包括计算机基础知识、短视频制作、程序设计基础等符合国家教学大纲的知识点，更将物联网、云计算、5G、大数据、人工智能和区块链等新一代信息技术的基本原理和常识融会贯通，帮助学生熟悉新一代信息技术在各行各业中的应用，为学生在后续的专业课程学习中能够融合、应用新一代信息技术奠定基础。本书注重知识结构的基础性与完整性，确保技术内容的普适性与先进性，遵循教育教学规律，同时精选典型生活案例，旨在开阔学生视野，启发其创新思维，满足新一代信息技术人才的培养要求。

  全书共9个模块，包括计算机与使用安全、融媒体与短视频制作、程序设计与编程思维、物联网与万物互联、5G与快速通信、云计算与按需服务、大数据与智慧社会、人工智能与智能生活、区块链与诚信人生。

  本书由兰州资源环境职业技术大学张小梅老师主编。本书在编写过程中，参考了书后所列的参考文献中的部分内容，在此向作者表示衷心的感谢！同时也向支持和鼓励本书编写工作的学校领导和老师们致以深深谢意！

  本书是对新一代信息技术进行通识教育的一种全新探索，望读者对本书的不足之处提出宝贵意见。编者希望随着科学技术的发展，不断更新学科的前沿内容，将该教材锤炼成计算机领域中的一本精品教材。

编　者

2023 年 3 月

# "信息技术导论"课程思政元素设计

"信息技术导论"课程围绕坚定学生理想信念,以爱国、爱党、爱人民、爱集体为主线,结合新一代信息技术发展中的素养要求,从"爱国情怀、民族自信、法治意识、职业素养、工匠精神"等维度着眼,确定思政目标、设计思政内容,在任务中通过"一句话、一段文、一个案例、一段历史、一个标准"等方式,将课程思政内容润物无声的传递给学生。全书课程思政体系如下表所示。

| 模块 | 任务知识点 | 蕴含的课程思政元素 | 思政案例 |
| --- | --- | --- | --- |
| 模块1<br>计算机与使用安全 | 1. 认识计算机<br>2. 选购计算机<br>3. 安全使用计算机<br>拓展阅读:为什么叫鸿蒙 | 安全意识<br>华为精神 | 1. "天河二号"<br>2. 鸿蒙(HarmonyOS) |
| 模块2<br>融媒体与短视频制作 | 1. 制作"同桌的你"脚本<br>2. 制作"同桌的你"短视频<br>3. 发布"同桌的你"短视频<br>拓展阅读:融媒体 | 传播正能量<br>弘扬主旋律<br>树立正确的短视频消费观 | 短视频制作与发布 |
| 模块3<br>程序设计与编程思维 | 1. 编程与编程思维<br>2. Python编程之旅<br>3. 猫—狗大战小游戏<br>拓展阅读:怎样选择编程语言 | 抽象思维能力 | 游戏背后的道理 |
| 模块4<br>物联网与万物互联 | 1. 认识物联网<br>2. 物联网关键技术<br>3. 物联网应用案例<br>拓展阅读:物联网标准化 | 工匠精神<br>创新精神 | 物联网标准化 |
| 模块5<br>5G与快速通信 | 1. 看通信方式变迁<br>2. 认识5G<br>3. 小白必知的5G技术<br>4. 体验5G三大应用场景<br>拓展阅读:国之重器——北斗卫星导航系统成长史 | 中国智慧<br>爱国情怀<br>民族自信<br>民族自豪感与责任感 | 1. 5G历程<br>2. 北斗卫星导航系统成长史 |

续表

| 模块 | 任务知识点 | 蕴含的课程思政元素 | 思政案例 |
| --- | --- | --- | --- |
| 模块6<br>云计算与按需服务 | 1. 初识云计算<br>2. 资源池化技术<br>3. 云计算解决方案<br>拓展阅读：企业上云 | 推陈出新的品质<br>规则意识<br>工匠精神 | 国家政策 |
| 模块7<br>大数据与智慧社会 | 1. 认识大数据<br>2. 大数据技术框架<br>3. 大数据的应用<br>拓展阅读：大数据与云计算的关系 | 中国智慧<br>懂法守法<br>安全意识 | 爬虫需谨慎 |
| 模块8<br>人工智能与智能生活 | 1. 了解人工智能<br>2. AI关键技术原理<br>3. AI的成就与未来<br>拓展阅读：深度学习框架 | 科学探究精神<br>爱国情怀<br>使命担当 | AI原理与成就 |
| 模块9<br>区块链与诚信人生 | 1. 认识区块链<br>2. 区块链核心技术<br>3. 区块链的应用场景<br>拓展阅读：区块链与人工智能展望 | 懂法守法<br>诚实诚信<br>公平公正 | 区块链的特点 |

## 模块 1　计算机与使用安全

| 模块导学 | 1 |
| 知识图谱 | 1 |
| 学习目标 | 2 |
| 建议学时 | 2 |
| 任务 1　认识计算机 | 2 |
| 任务 2　选购计算机 | 7 |
| 任务 3　安全使用计算机 | 9 |
| 拓展阅读：为什么叫鸿蒙（HarmonyOS） | 15 |
| 模块考核 | 17 |
| 模块实训 | 17 |

## 模块 2　融媒体与短视频制作

模块导学 …………………………………………………………… 18
知识图谱 …………………………………………………………… 18
学习目标 …………………………………………………………… 19
建议学时 …………………………………………………………… 19
任务 1　制作"同桌的你"脚本 …………………………………… 19
任务 2　制作"同桌的你"短视频 ………………………………… 24
任务 3　发布"同桌的你"短视频 ………………………………… 30
拓展阅读：融媒体 ………………………………………………… 32
模块考核 …………………………………………………………… 34
模块实训 …………………………………………………………… 34

## 模块 3　程序设计与编程思维

| | |
|---|---|
| 模块导学 | 35 |
| 知识图谱 | 35 |
| 学习目标 | 36 |
| 建议学时 | 36 |
| 任务 1　编程与编程思维 | 36 |
| 任务 2　Python 编程之旅 | 38 |
| 任务 3　猫—狗大战小游戏 | 50 |
| 拓展阅读：怎样选择编程语言 | 53 |
| 模块考核 | 55 |
| 模块实训 | 55 |

## 模块 4　物联网与万物互联

| | |
|---|---|
| 模块导学 | 56 |
| 知识图谱 | 56 |
| 学习目标 | 57 |
| 建议学时 | 57 |
| 任务 1　认识物联网 | 57 |
| 任务 2　物联网关键技术 | 60 |
| 任务 3　物联网应用案例 | 65 |
| 拓展阅读：物联网标准化 | 66 |
| 模块考核 | 68 |
| 模块实训 | 68 |

## 模块 5　5G 与快速通信

| | |
|---|---|
| 模块导学 | 69 |
| 知识图谱 | 69 |
| 学习目标 | 70 |
| 建议学时 | 70 |
| 任务 1　看通信方式变迁 | 70 |
| 任务 2　认识 5G | 77 |

任务 3　小白必知的 5G 技术 ········································· 84
任务 4　体验 5G 三大应用场景 ····································· 88
拓展阅读：国之重器——北斗卫星导航系统成长史 ············· 90
模块考核 ································································· 95
模块实训 ································································· 95

## 模块 6　云计算与按需服务

模块导学 ································································· 96
知识图谱 ································································· 96
学习目标 ································································· 97
建议学时 ································································· 97
任务 1　初识云计算 ··················································· 97
任务 2　资源池化技术 ··············································· 100
任务 3　云计算解决方案 ············································ 105
拓展阅读：企业上云 ················································· 110
模块考核 ······························································· 112
模块实训 ······························································· 112

## 模块 7　大数据与智慧社会

模块导学 ······························································· 113
知识图谱 ······························································· 113
学习目标 ······························································· 114
建议学时 ······························································· 114
任务 1　认识大数据 ················································· 114
任务 2　大数据技术框架 ············································ 118
任务 3　大数据的应用 ··············································· 122
拓展阅读：大数据与云计算的关系 ······························· 127
模块考核 ······························································· 128
模块实训 ······························································· 128

## 模块 8　人工智能与智能生活

| 模块导学 | 129 |
|---|---|
| 知识图谱 | 129 |
| 学习目标 | 130 |
| 建议学时 | 130 |
| 任务 1　了解人工智能 | 130 |
| 任务 2　AI 关键技术原理 | 136 |
| 任务 3　AI 的成就与未来 | 139 |
| 拓展阅读：深度学习框架 | 141 |
| 模块考核 | 143 |
| 模块实训 | 143 |

## 模块 9　区块链与诚信人生

| 模块导学 | 144 |
|---|---|
| 知识图谱 | 144 |
| 学习目标 | 145 |
| 建议学时 | 145 |
| 任务 1　认识区块链 | 145 |
| 任务 2　区块链核心技术 | 149 |
| 任务 3　区块链的应用场景 | 153 |
| 拓展阅读：区块链与人工智能展望 | 156 |
| 模块考核 | 158 |
| 模块实训 | 158 |

**参考文献** ⋯⋯⋯⋯⋯⋯⋯⋯⋯⋯⋯⋯⋯⋯⋯⋯⋯⋯⋯⋯⋯⋯⋯⋯⋯⋯⋯⋯⋯⋯⋯⋯⋯ 159

# 模块1　计算机与使用安全

## 模块导学

当今社会，计算机已经成为人们工作、学习和生活中不可缺少的重要组成部分。尤其对大学生而言，无论你选择了什么专业，都应该具备基本的计算机使用常识。大多数用户在使用计算机的过程中，由于计算机本身的质量问题和用户操作不当，计算机经常会出现各种各样的故障。本模块能够帮助大家认识计算机系统的组成，了解计算机各组成部分的功能，能够根据自身需要选购合适的计算机，并掌握安全使用计算机的方法。

## 知识图谱

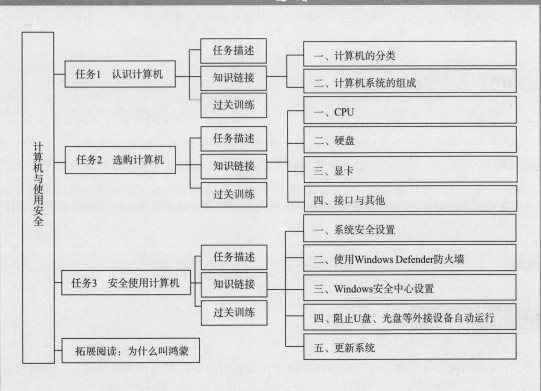

## 学习目标

| 知识目标 | 1. 掌握计算的分类和计算机系统的组成；<br>2. 理解计算机各配置参数的含义；<br>3. 掌握操作系统安全的基本方法。 |
|---|---|
| 能力目标 | 1. 能够根据个人需求，选购合适的计算机；<br>2. 能够为计算机进行基本的安全设置。 |
| 素质目标 | 1. 具备使用计算机的安全意识；<br>2. 具备正确的消费观，做"自由、自主、自立、自律、自爱"的"五自"大学生。 |

## 建议学时

4 学时

任务1  认识计算机

## 任务描述

计算机是人们生活中不可缺少的工具，为了更好地利用计算机协助我们的工作和学习，我们需要对计算机有一个基础的了解。本任务将主要介绍计算机的分类及计算机系统的组成。我们在学习时，要注意掌握计算机各硬件组成部分的功能，理解计算机软件、硬件之间的关系；体会计算机技术对社会产生的影响和价值，树立科学的成才观和择业观，肩负起新时代赋予大学生的责任。

## 知识链接

### 一、计算机的分类

计算机的种类有很多，可以从不同的角度对其进行分类。根据计算机的规模，并参考其运算速度、输入/输出能力、存储能力等因素，通常把计算机分为以下6类。

## 1. 巨型机

我国是世界上少数几个能够生产巨型机的国家之一。巨型机又称"超级计算机",通常由数百、数千甚至更多的处理器组成,能承担普通微型机和服务器不能完成的大型复杂课题,多用于高精尖端科技研究领域,如战略武器开发、空间技术、天气预报、航空、医药、能源等,用于解决其中的复杂计算。巨型机的研究是综合国力的重要标志。

例如,国防科技大学研制的"天河二号"超级计算机系统,如图1-1所示,以峰值计算速度每秒5.49亿亿次、持续计算速度每秒3.39亿亿次双精度浮点运算的优异性能位居2013年全球超级计算机500强榜首,成为2013年全球最快的超级计算机。该计算机系统有125个机柜,共采用了312万个CPU,内存达到1.408 PB,外存采用12.4 PB容量的硬盘阵列,最大运行功耗17.8 MW。

图1-1 "天河二号"超级计算机系统

> **记一记:**
>
> **容量单位(按照进率1 024($2^{10}$)计算)**
>
> 1 Byte = 8 bit
> 1 KB = 1 024 Byte = 8 192 bit
> 1 MB = 1 024 KB = 1 048 576 Byte
> 1 GB = 1 024 MB = 1 048 576 KB
> 1 TB = 1 024 GB = 1 048 576 MB
>
> 1 PB = 1 024 TB = 1 048 576 GB
> 1 EB = 1 024 PB = 1 048 576 TB
> 1 ZB = 1 024 EB = 1 048 576 PB
> ……

## 2. 大型机

大型机具有极强的综合处理能力和极大的性能覆盖面,支持相当多的用户同时使用,主要用于政府部门、银行及大型企业,针对数据管理与大、中型数据库建设等。

## 3. 小型机

小型机是指采用8~32个处理器,介于微型机服务器和大型主机之间的一种高性能64位计算机。其规模和运算速度比大型机要小,仅支持几十个用户同时使用,适合中、小企业和事业单位,用于过程控制、数据采集和分析计算等。

## 4. 微型机

微型机也称为个人计算机(Personal Computer,PC),是应用最广、产量最大的机型。微型机发展到今天,包括了台式计算机、笔记本电脑、一体机、掌上电脑和平板电脑等不同类型的计算机。个人计算机不需要共享其他计算机的处理器、磁盘和打印机等资源也能独立工作,是人们日常生活及工作中接触最多、最频繁的计算机。

### 5. 工作站

工作站是介于PC与小型机之间的高档微型计算机,其通常配备有大屏幕的显示器和大容量的存储器。工作站的一个显著特点是图形处理能力非常强,现已广泛应用于工业设计领域。

### 6. 服务器

服务器是指一个管理资源且能为用户提供服务的计算机,它比普通计算机运行更快、负载更高、价格更贵。服务器在网络中为其他客户机(如PC、智能手机、ATM等终端甚至是火车系统等大型设备)提供计算或应用服务,通常分为文件服务器、数据库服务器和应用程序服务器。

另外,一些具有新概念的计算机,如归约机、数据流机,包括神经网络计算机、生物计算机、高速超导计算机、智能计算机等也在迅猛发展。新概念计算机主要在两个方面体现出与传统计算机的不同,一方面是在芯片的工艺材料上,另一方面是在外形设计上。在芯片的工艺材料上,新概念计算机主要是采用一些纳米、光电子技术来代替传统的集成电路技术;在外形设计上,智能眼镜、智能手表等电子产品不断推出,颠覆了传统的计算机概念。未来计算机将成为一个更广泛的概念。

## 二、计算机系统的组成

1946年,美籍匈牙利数学家冯·诺依曼(John Von Neumann)等人在一篇《关于电子计算仪器逻辑设计的初步探讨》的论文中,第一次提出了计算机的组成和"程序存储,程序控制"工作方式的基本思想。几十年来,虽然计算机已经取得惊人的发展,相继出现了各种结构形式的计算机,但究其本质,现代计算机仍属冯·诺依曼结构计算机。

一个完整的计算机系统由计算机硬件系统和计算机软件系统两大部分组成。

### 1. 计算机硬件系统

计算机硬件系统基本结构由运算器、控制器、存储器、输入设备和输出设备5个逻辑部件组成,如图1-2所示。

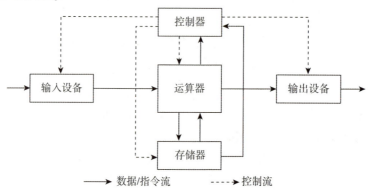

图1-2 计算机硬件系统基本结构

（1）运算器（ALU）

运算器也称为算术逻辑单元（Arithmetic Logic Unit，ALU）。它的功能是完成算术运算和逻辑运算。算术运算是指加、减、乘、除以及它们的复合运算；而逻辑运算是指"与""或""非"等逻辑比较和逻辑判断操作。在计算机中，任何复杂运算都先要转化为基本的算术运算与逻辑运算，然后在运算器中完成。

（2）控制器（CU）

控制器（Controller Unit，CU）是整个计算机系统的指挥控制中心，它控制计算机各部分自动协调地工作，保证计算机按照预先规定的目标和步骤有条不紊地进行操作及处理。

控制器和运算器合称为中央处理器（Central Processing Unit，CPU），它是计算机的核心部件，是计算机的"大脑"。它控制了计算机的运算、处理、输入和输出等工作，对计算机的整体性能有全面的影响。

（3）存储器

存储器是计算机的"记忆"装置，它的主要功能是存储程序和数据，并能在计算机运行过程中高速、自动地完成程序或数据的存取。

存储器可分为内存储器（主存储器）和外存储器（辅助存储器）两大类。内存储器在计算机主机内，它直接与运算器、控制器交换信息，容量虽小，但存取速度快，一般只存放那些正在运行的程序和待处理的数据；外存储器通常是磁性介质或光盘，如硬盘、软盘、磁带、CD等，不依赖电能来保存信息。外存储器存取速度虽慢，但存储容量大，可以长时间地保存信息。

（4）输入设备

输入设备是将各种形式的信息，如数字、文字、图像等转换为数字形式的"编码"，即计算机能够识别的、用"1"和"0"表示的二进制代码，并把它们输入计算机的内存中存储起来。常见的输入设备有键盘、鼠标、扫描仪、光笔、数字化仪、麦克风、触摸屏等。

（5）输出设备

输出设备是将计算机的处理结果传送到计算机外部供计算机用户使用的装置。其功能是将计算机内部二进制形式的数据信息转换成人们所需要的信息形式。常用的输出设备有显示器、打印机、绘图仪等。

通常，将输入设备和输出设备统称为I/O（Input/Output）设备，它们都处于主机之外，属于计算机的外部设备，简称外设，它是微机和用户或其他通信设备之间交流信息的桥梁。

2. 计算机软件系统

计算机只有硬件是不能工作的，还必须要有软件。软件是计算机处理的程序、数据、文件的集合。其中，程序的集合构成了计算机中的软件系统。

计算机软件系统包括系统软件和应用软件两部分。

（1）系统软件

系统软件一般是指控制和协调计算机及外部设备、支持应用软件开发和运行的系统，是无须用户干预的各种程序的集合。系统软件的主要功能是调度、监控和维护计算机系统，负责管理计算机系统中各种独立的硬件，使它们可以有条不紊地工作。

操作系统（Operating System，OS）是系统软件的核心，是管理和控制计算机硬件与软件资源的计算机程序，是直接运行在"裸机"上的最基本的系统软件，任何其他软件都必须在操作系统的支持下才能运行。目前，计算机常用的操作系统有 Windows、UNIX、Linux、NetWare 等。

除操作系统外，系统软件还包括连接程序、装入程序、调试程序、诊断程序等。连接程序的功能是把要执行的程序与库文件以及其他已编译的程序模块连在一起，成为机器可以执行的程序；装入程序的功能是把程序从磁盘中取出并装入内存以便执行；调试程序能够让用户监督和控制程序的执行过程；诊断程序能在机器启动过程中，对机器硬件的配置和完好性进行监测和诊断。

（2）应用软件

应用软件是指除系统软件以外的所有软件，它是用户利用计算机及其提供的系统软件为解决各种实际问题而编制的计算机程序。

常见的应用软件有各种信息管理软件、办公自动化系统、文字处理软件、辅助设计软件、辅助教学软件以及各种软件包（如数值计算程序库、图形软件包）等。

### 3. 硬件与软件的关系

计算机硬件和软件的层次关系如图 1-3 所示。

图 1-3　计算机硬件和软件的层次关系

计算机系统是硬件和软件有机结合的整体，没有软件的计算机称为裸机，裸机如同一架没有思想的躯壳，不能做任何工作。操作系统赋予裸机灵魂，使它成为真正可用的工具。一个应用程序在计算机中运行时，受操作系统的管理和监控，在必要的系统软件的协助之下，完成用户交给它的任务。可见，裸机是计算机系统的物质基础，操作系统为它提供了一个运行环境。在系统软件中，各种语言处理程序为应用软件的开发和运行提供方便。用户并不直接和裸机"打交道"，而是使用各种外部设备，如键盘和显示器等，通过应用软件与计算机交流信息。

## 过关测试

1. 试想一下，我们平常使用的台式计算机和笔记本电脑是一个服务器吗？

2. 计算机只能识别 0 和 1 吗？

___

3. 看图识物，写出图 1-4 列出的计算机部件的名称。

图 1-4　计算机硬件部件

## 任务 2　选购计算机

### 📖 任务描述

拥有一台自己的计算机，可以更好地备战大学生活。本任务将主要介绍识别计算机硬件参数的方法及选购计算机时的注意事项，教你学会选购适合自己的计算机。

### 💻 知识链接

选购计算机时主要关注的设备有 CPU、硬盘、显卡、接口与其他。

## 一、CPU

目前，CPU 分为两大阵营，即英特尔（Intel）的 I 系列处理器和 AMD Ryzen 系列处理器。这里主要介绍 Intel 的 I 系列处理器的选择。

我们在购买计算机时经常听到 i5、i7，它们指的就是 Intel 的 I 系列处理器 CPU 的型号。通常来说，Intel 性能方面 i9>i7>i5>i3，但也有 i5 新出版本的性能比 i7 系列好，在这里涉及 CPU 的代数和后缀。

例如，一款 CPU 型号为 i5-8250u 的计算机，i5 表示再次系列的级别；8 表示第八代的处理器；250 表示 sku 数值（这个数值理论上越大越好）；u 表示低压处理器。

可以看到，数字后有后缀，后缀为空表示桌面级处理器，一般用在台式计算机上，但也有少部分笔记本电脑会使用；后缀为 h 表示移动端标压处理器，如 i7-8750h 就是第八代 i7 移动端标压处理器；后缀为 k 表示可超频，如 i9-8950hk 就是移动端可超频的标压处理器；后缀为 u 表示低压处理器，如 i5-8250u 就是低压移动端处理器；后缀为 x 表示旗舰级可超频。

那么，CPU 怎么选购呢？

①目前，市场上在售 Intel 的酷睿系列 CPU 产品以九代和八代为主，八代和九代的性能远超过之前的 1～7 代（已经停产），购买时最好不要选老产品。判别八代、九代的方法：八代以 8×××命名，九代以 9×××命名。

②CPU 怎样比较？

同代产品中，i9 性能>i7 性能>i5 性能>i3 性能，不同代产品，看 sku 数值。一般 sku 数值相同的产品，代数越高性能越强，如 i7-9700k 性能>i7-8700k 性能。

## 二、硬盘

硬盘分为固态硬盘（Solid State Disk，SSD）和机械硬盘（Hard Disk Drive，HDD）。怎样选硬盘呢？这里推荐选择固态硬盘。虽然固态硬盘比机械硬盘贵，但是其速度快、功耗低、重量轻、噪音小。

## 三、显卡

显卡是计算机最基本、最重要的配件，主要承担计算机进行数字信号和模拟信号的转换任务，能够让计算机的显示器画面有所显示。更重要的是，显卡本身具有图像处理能力，如果是经常做视频或图像处理的用户，就需要比较好的显卡，可协助 CPU 工作，提高计算机整体的运行速度。因此，专业制图人员购买计算机一定要重视显卡；对一些喜欢玩大型游戏的用户而言，好的显卡也是必须的，否则，画面很可能出现"马赛克"。

怎样选择显卡呢？

目前，市面上的计算机显卡的品牌有很多种，而 NVIDIA、AMD（ATI）、Intel 是三大核心品牌，下面简述 NVIDIA 的显卡。

NVIDIA 的命名规则是产品 X+Y 的形式，X 是代，Y 是品，如 1050 就是 10 系列的显卡，其后面的数字越大性能越强，例如 1080 性能>1070 性能>1060 性能>1050ti 性能>1050 性能。NVIDIA 显卡的型号划分为 K、P、RTX、GTX 和 GT。首先 K 和 P 代表的是专业级别的显卡，如果要做三维动画或建模，或者要做 AE 动画，都要用到这一类专业的图形卡，其他类的就是游戏类的显卡。

RTX 系列属于高端显卡，发烧级装机的玩家会选择这一类显卡。

GTX 系列属于中高端显卡，玩大型网络游戏时会选这一类显卡。GTX 系列的显卡中带有 Ti 后缀的是加强型的显卡。例如，GTX1050Ti 就是 GTX1050 的加强版。

GT 系列能满足人们日常使用，如日常办公、逛淘宝、看视频等。

## 四、接口与其他

接口就是连接存储设备的端口。在不久的将来，Type-C 接口将会成为主流。当下，最佳的选择是兼有 Type-C 与传统 USB 接口的计算机。USB 接口分 3.0 接口和 2.0 接口。3.0 接口传输速度快很多。在购买计算机的时候，要仔细看清计算机配置栏是否符合自己的需求。

除此以外，还要看计算机的显示器、品牌售后、散热性、噪音、尺寸、内存（最好 16 GB 以上）等。

## 过关测试

整理计算机主要性能指标，分别给出 3 000 元和 5 000 元预算的计算机选购方案。

_____
_____
_____
_____
_____
_____
_____

任务3　安全使用计算机

## 任务描述

计算机在使用了一段时间后，会出现运行速度变慢的情况，这可能是因为用户在无意间安装了某某卫士、某某管家等软件。因此，刚刚买来的笔记本电脑不要马上使用，应该对操作系统进行安全设置。

本任务以 Windows 10 操作系统为例，介绍操作系统的安全设置，以便有效地保护我们的计算机。

 知识链接

Windows 10 操作系统具有很多安全新特性，能够有效阻止和降低恶意软件带来的威胁。Windows 10 系统无须使用其他的防护软件或杀毒软件，只要设置好自身的各项防护措施，就能够保证系统安全运行。

## 一、系统安全设置

可从下列两个方面对 Windows 10 系统理行安全设置。

### 1. 更改安全和维护设置

双击桌面上的"控制面板"→"所有控制面板项"→"安全和维护"→"更改安全和维护设置"，确保"安全消息"和"维护消息"中的所有选项被勾选，如图 1-5 所示，然后单击"确定"。

图 1-5　更改安全和维护设置

2. 更改用户账户控制设置

在 Windows 系统里，从 Windows Vista 开始引入了用户账户控制（User Account Control，UAC）这项新技术，UAC 是微软为了提高系统安全而开发的新技术，它要求用户在执行可能影响计算机运行的操作或执行更改影响其他用户设置的操作之前，提供一个确认的对话窗口，使用户可以在执行程序之前对其进行验证，UAC 可以帮助防止恶意软件和间谍软件在未经许可的情况下在计算机上进行安装或对计算机进行更改。对一般用户而言，UAC 是防止病毒和木马程序的辅助程序，但实际上，凡是没有通过微软验证的程序，UAC 都会阻止其运行。用户账户控制分为 4 个级别，如图 1-6 所示。可以通过上下滑动左侧的滑杆来改变级别的等级（越往上等级越高）。该项一般按照图 1-6 所示设置成 3 级默认即可。

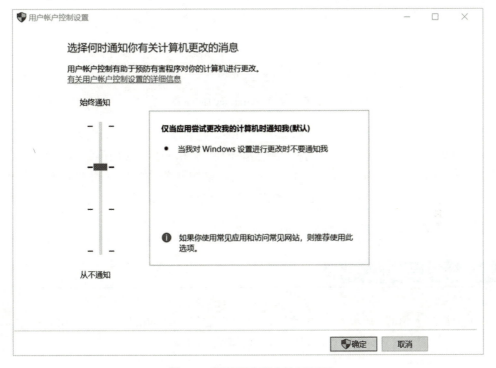

图 1-6　更改用户账户控制设置

## 二、使用 Windows Defender 防火墙

防火墙有助于防止黑客或恶意软件通过网络访问计算机，也可以阻止本机向其他网络的计算机发送恶意软件。

双击桌面上的"控制面板"→"系统和安全"→"Windows Defender 防火墙"→"启用或关闭 Windows Defender 防火墙"，如图 1-7 所示。

图 1-7　启用或关闭 Windows Defender 防火墙

其中,家庭或办公室使用的网络都是专用网络,而机场、酒店、宾馆、咖啡厅等公共场合使用的网络称为公用网络。在进行防火墙设置时,专用网络和公用网络都要设置防火墙,设置的方法如图 1-7 中的默认方式。这样,当防火墙阻止新应用时,会首先弹出一个对话窗口,询问我们是否阻止程序,或是允许阻止的程序运行,这样我们就有了选择的权利。

**注意**:不要选择"关闭 Windows Defender 防火墙"。

## 三、Windows 安全中心设置

单击桌面左下角的"开始"→"设置"→"更新和安全"→"Windows 安全中心"→"病毒和威胁防护",如图 1-8 所示。"当前威胁"选项下会显示历史记录,此选项不需要设置。

图 1-8　病毒和威胁防护——当前威胁

接下来打开"病毒和威胁防护"设置 →"管理设置"，如图 1-9 所示。

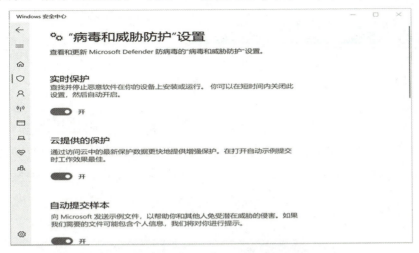

图 1-9　病毒和威胁防护——"病毒和威胁防护"设置

其中的"实时保护""云提供的保护""自动提交样本""篡改防护"均保持默认的打开状态即可；"文件夹限制访问"选项也无须设置。

由于没有通过微软验证的程序，UAC 都会阻止其运行，因此，该选项中需要设置的是"排除项"选项。添加到"排除项"中的文件和文件夹，防火墙和系统自带的防护程序就不会对其起作用，从而保证特定的程序正常运行。

将文件或文件夹添加到"排除项"中的方法：单击"添加排除项"，如图 1-10 所示，根据需要添加的对象类型，选择相应的内容添加即可。

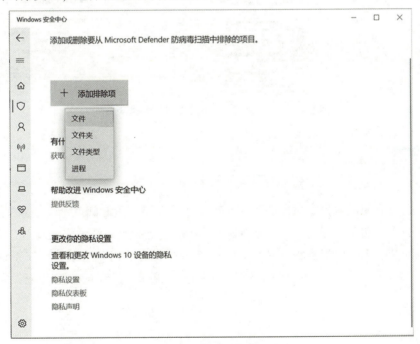

图 1-10　排除项设置

除"排除项"外,其他选项均保持系统默认。

## 四、阻止 U 盘、光盘等外接设备自动运行

使用组策略关闭"自动播放"功能,以防止插入 U 盘或光盘时,自动运行其中的病毒或木马程序。

具体设置方法:单击"开始"→"附件"→"运行",输入 gpedit.msc(本地组策略编辑器)命令,打开"本地组策略编辑器"。单击"管理模版"→"Windows 组件"→"自动播放策略",单击"关闭自动播放",选择"已启用",再选择"所有驱动器",单击"确定"即可,如图 1-11 所示。

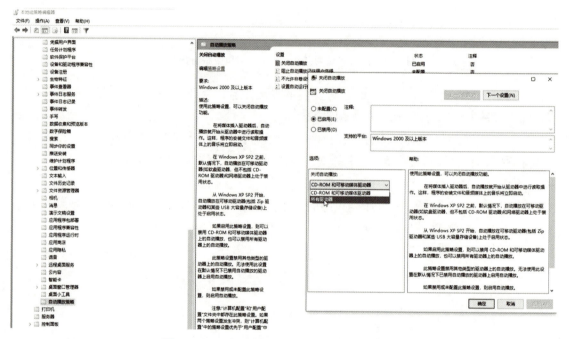

图 1-11 阻止 U 盘、光盘等外接设备自动运行

## 五、更新系统

系统安全设置的最后一个内容是系统更新。微软每隔一段时间就会发表系统更新文件,以完善和加强系统功能。因此,及时更新操作系统,也会提高系统的安全级别。系统更新可以自动下载安装,也可以根据需要选择是否安装或选择什么时候安装。更新系统安全的方法:单击"开始"→"设置"→"更新和安全"→"Windows 更新",单击"检查更新",如图 1-12 所示。

图 1-12 系统更新

所有更新程序安装完成后，需重新启动系统才能生效。可以选择"立即重新启动"。如果正在使用计算机，则重新启动会中断当前操作，这时可以选择"计划重新启动"。

 过关测试

请同学们对自己的笔记本电脑进行安全设置，并谈谈还有什么保护计算机的好方法。

 拓展阅读

### 为什么叫鸿蒙(HarmonyOS)

2019 年 8 月，由华为自主研发的、着眼于 5G 物联网时代的新一代操作系统——鸿蒙(HarmonyOS)面世。在"科技兴则民族兴，科技强则国家强"的今天，鸿蒙的诞生着实让国人为之振奋！它全面开源，捏沙成团，对中国的软件业而言无疑是一条振兴之路。

你知道它为什么叫鸿蒙吗？

2021年6月2日，鸿蒙操作系统正式发布。这意味着鸿蒙手机已经变成面向市场的正式产品，而这个系统将会联通我们的手机、计算机、平板电脑、电视、无人驾驶汽车以及智能穿戴设备。据了解，鸿蒙研发耗费了10年的时间，有4 000多位科研人员参与其中。

鸿蒙是中国传说中的一个时代。传说在开天辟地之前，世界是一团混沌的元气，这种自然的元气叫鸿蒙。后来，人们就把一切远古的起源比喻为鸿蒙。

《西游记》第一章中说过这样一句话，"鸿蒙初辟原无性，打破顽冥须悟空"。这句话取自北宋紫阳真人张伯端的诗句。鸿蒙既代表着一切的起源，也代表着从零做起，更代表着华为人开拓混沌的决心。其既能看出华为人开天辟地的愿望，也能感受到他们披荆斩棘的艰辛！

其实，这已经不是华为第一次用中国古典文化来命名产品：华为的手机芯片叫"麒麟"；华为的基带芯片叫"巴龙"；华为的服务器芯片叫"鲲鹏"；华为的服务器平台叫"泰山"；华为的路由器芯片叫"凌霄"；华为的人工智能芯片叫"昇腾"；华为的操作系统叫"鸿蒙"。

谁说理工男不懂浪漫？他们的浪漫更具有古典主义的色彩，他们的征途是星辰和大海，他们把自己的情怀都放在人类进步的过程中，在产品的取名上，我们就能看出他们内心燃烧的理想！

路遥曾经在其文章里写过一段话，"这个世界上有太多美好的地方了，但是，那里有黄山吗？那里有黄河吗？那里有长江吗？那里有长城吗？没有。所以自己的祖国就是不可替代的地方！"我们在华为人的身上看到了华为精神，那么我们要如何体现爱国呢？爱自己的语言，爱自己的文化，就是一种体现。这样的爱国力量虽然小，但是汇聚点滴之后，就可以成为庞大的中国力量！这种力量能够推动我们国家的进步，推动民族的复兴，这是我们每一个中国人的责任。

## 模块考核

### 一、单项选择题

1. 任何程序都必须加载到(　　)中才能被 CPU 执行。
   A. 磁盘　　　　B. 硬盘　　　　C. 内存　　　　D. 外存
2. 组成计算机的 CPU 的两大部件是(　　)。
   A. 运算器和控制器　　　　　　B. 控制器和寄存器
   C. 运算器和内存　　　　　　　D. 控制器和内存
3. 世界上第一台电子数字计算机 ENIAC 是在美国研制成功的，其诞生的年份是(　　)年。
   A. 1943　　　　B. 1946　　　　C. 1949　　　　D. 1950
4. 下列选项中，既可作为输入设备，又可作为输出设备的是(　　)。
   A. 扫描仪　　　B. 绘图仪　　　C. 鼠标　　　　D. 磁盘驱动器
5. 移动硬盘或 U 盘连接计算机所使用的接口是(　　)。
   A. RS-232C　　 B. 并行接口　　C. USB　　　　 D. UBS
6. 某计算机的计算速度每秒钟可以达到亿亿次，主要应用在航空、航天、军事、核能、气象等需要海量数据运算的领域中，它属于(　　)。
   A. 巨型机　　　B. 小型机　　　C. 微型机　　　D. 单片机

### 二、填空题

1. 存储器可分为_____和_____两大类。
2. 根据工作方式的不同，可将存储器分为_____和_____两种。
3. 服务器是指一个管理资源且能为用户提供服务的计算机，通常分为文件服务器、_____和_____。
4. CPU 的主要性能指标有两个：_____和_____。

### 三、简答题

1. 根据冯·诺依曼体系结构组成的计算机，必须具有哪些功能？
2. 查阅资料，深度了解鸿蒙操作系统。

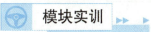

模块实训

模块 1　计算机与使用安全实训任务单

# 模块 2　融媒体与短视频制作

**模块导学**

　　随着融媒体技术的发展以及4G和5G网络建设的完善，近年来，视频传播异军突起。尤其是社会节奏的不断加快，受众对超长信息产品的容纳度越来越低，图文结合或纯图产品已不能满足用户需求。如何在更短的时间内获得更多有用和有趣的信息，已成为大众的日常需求。其中，短视频以其短、频、快的特点，迅速占据受众的碎片时间。因此，具备一定的短视频制作能力，也是一个当代大学生必备的基本技能。

**知识图谱**

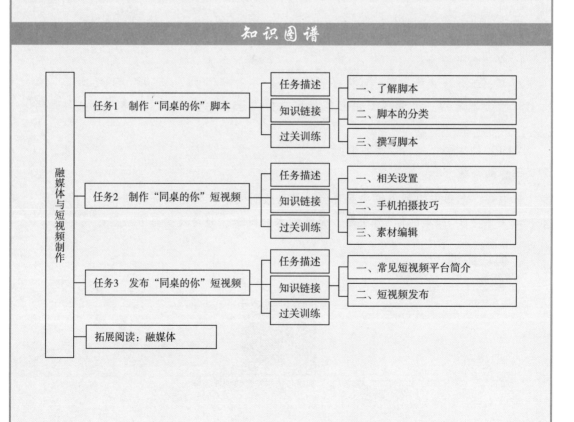

模块 2　融媒体与短视频制作

## 学习目标

| 知识目标 | 1. 掌握脚本的概念、分类及作用；<br>2. 掌握常用的短视频拍摄软件的使用方法；<br>3. 了解短视频的运营平台及发布方法。 |
|---|---|
| 能力目标 | 1. 能编写比较优质的脚本；<br>2. 会制作并发布短视频。 |
| 素质目标 | 1. 遵守短视频制作与发布相关法律法规，传播正能量、弘扬主旋律，自觉抵制短视频中低俗、色情、暴力等负面内容；<br>2. 树立良好的短视频平台消费和使用观念，提高大学生的甄别能力。 |

## 建议学时

6 学时

## 任务 1　制作"同桌的你"脚本

### 📖 任务描述

短视频虽然很短，但是，优秀的短视频里的每一个镜头都是精心设计过的。就像导演要拍一部电影，电影中的每个镜头都要经过精心设计一样。对于镜头的设计，利用的就是脚本。本任务将以"同桌的你"为主题，介绍脚本的概念、分类及撰写方法，让我们能够快速写好短视频脚本。

###  知识链接

#### 一、了解脚本

简单来说，脚本就是拍摄短视频的依据。如果把盖房子比作拍摄短视频，那么脚本就是房子的图纸。脚本为短视频的拍摄、剪辑、道具准备等提供了一个精细的流程指导。很多人

19

在拍摄短视频之前很少写脚本，只是把自己想要的镜头拍好，然后将拍摄的素材拼接在一起。但是一个优秀的短视频，其每一个镜头都是需要精心设计的。

短视频的特点是"短、频、快"，做短视频依靠的就是内容。而一般有创意、有亮点的短视频的背后，都有非常优秀的脚本作支撑，它可以大大提升短视频制作的效率。脚本具有以下特点。

### 1. 提高拍摄效率

如果没有脚本，拍摄就会随心所欲也会浪费很多时间，拍摄出来的视频也会显得杂乱无章。写出好的脚本，能让拍摄过程条理清晰，也能让剪辑行云流水，大大提高拍摄效率。

### 2. 提高拍摄质量

虽然短视频的时长大多都在 3 min 内，但是，如果想要拍摄出的短视频的基础流量高、转化率高，就必须精雕细琢视频中出现的每一个细节，包括景别、场景布置、台词、表情、音乐配置，以及剪辑效果的呈现等，这些都是需要用脚本来指导的。

### 3. 降低沟通成本

如果是团队合作拍摄一个短视频，那么摄像师如何拍、演员如何演、拍完之后剪辑师如何剪辑，就可以通过脚本提前统筹好每个人每一步要做的事情，提高沟通效率，降低沟通成本。

## 二、脚本的分类

在制作脚本之前，需要了解脚本的制作方式。脚本一般可分为提纲脚本、文学脚本和分镜头脚本。

### 1. 提纲脚本

提纲脚本主要起提示作用，为拍摄的内容制定拍摄要点。例如，你想拍摄"一天的校园生活"，其提纲脚本如表 2-1 所示。

表 2-1 "一天的校园生活"提纲脚本

| 镜号 | 拍摄场景 | 旁白 |
| --- | --- | --- |
| 1 | 校园景色 | 无 |
| 2 | 学生在早读 | 一日之计在于晨。晨读，是我每天必须的工作 |
| 3 | 学生食堂，早餐 | 吃一顿营养美味的早餐，为上午的 4 节课储备满满的能量 |
| 4 | 智慧教室，教师在讲课 | 今天上午是我喜欢的网络课，同学们听得津津有味 |
| 5 | 学生食堂，午餐 | 时间过得真快，转眼又到了午饭时间。点了一份简单营养的快餐，因为中午有一场篮球赛 |
| 6 | 宿舍 | 换上喜爱的运动衣，健步走出宿舍门 |
| 7 | 篮球场，运动员 | 第 27 届"友谊杯"男子篮球赛开赛 |
| 8 | 图书馆 | 读书足以怡情，足以博彩，足以长才。下午没课的时候，我就会来这里，在知识的海洋中畅游，感受书海魅力 |

续表

| 镜号 | 拍摄场景 | 旁白 |
|---|---|---|
| 9 | 去食堂的路上,晚餐 | 很多人说,生活没那么简单,可生活本身就是一餐一饭,一生做好一件事 |
| 10 | 教室里 | 晚自习,同学们三五成群的探讨着作业 |
| 11 | 回到宿舍 | 收获满满的一天 |

可见,提纲脚本主要描述故事的大体发展,没有呈现细节部分。这种脚本主要应用在纪实拍摄中,如景点讲解类、街头采访类、美食探访类等。

### 2. 文学脚本

文学脚本是各种小说或故事改版以后方便镜头语言来完成的一种台本方式。其适用于不需要剧情的短视频创作,如教学视频、测评视频等。

### 3. 分镜头脚本

分镜头脚本是指通过连续的文字来描述视频场景的一连串镜头,相当于整个视频的制作说明书,是把视频情节翻译成镜头的过程,相比提纲脚本和文学脚本要更详细和精致。分镜头脚本适用于强故事性的短视频拍摄,对拍摄者要求相对较高。

分镜头脚本主要由镜头景别、画面内容、台词、时长、运镜、音效、道具等元素组成。分镜头脚本各构成元素的含义如表2-2所示。

表2-2 分镜头脚本各构成元素的含义

| 序号 | 元素 | 含义 | |
|---|---|---|---|
| 1 | 镜头景别 | 镜头景别包括远景、全景、中景、近景、特写等。以拍摄人物为例,如右图。<br>①远景:指将整个人和环境都拍摄在画面中。<br>②全景:比远景近一些,把人的整个身体展示在画面中。<br>③中景:拍摄人物的膝盖至头顶部分。<br>④近景:拍摄人物的胸部至头顶部分。<br>⑤特写:对人物的眼睛、鼻子、嘴巴、手指、脚趾等细节进行拍摄 | 远景<br>全景<br>中景<br>近景<br>特写 |
| 2 | 画面内容 | 画面内容是把想要表达的东西通过各种场景呈现。具体来讲,就是拆分剧本,把内容拆分在每一个镜头里面,这一部分是短视频脚本的"灵魂" | |

续表

| 序号 | 元素 | 含义 |
|---|---|---|
| 3 | 台词 | 台词指人物所说的话，可以是人物之间的交谈，也可以是"画外音"，起到画龙点睛的作用。建议对于 60 s 时长的短视频，文字不要超过 180 个，超过这个限制，听者会感觉疲惫 |
| 4 | 时长 | 时长指单个镜头的时长。提前标注清楚每个镜头的时长，方便在拍摄和剪辑的时候找到节奏和重点，提高工作效率 |
| 5 | 运镜 | 运镜指拍摄的手法。短视频拍摄中常用的运镜技巧有：<br>①前推后拉：将镜头匀速移近或远离被摄体，向前推进镜头是通过从远到近的运镜，使景别逐渐从远景、中景到近景，甚至是特写，这种运镜方法容易突出主体，能够让观者的视觉逐步集中。<br>②环绕运镜：拍摄环绕镜头需要保持相机位置不变，通过以被摄体为中心手持稳定器进行旋转移动，环绕运镜就犹如巡视一般的视角，能够突出主体、渲染情绪，让整个画面更有张力。<br>③低角度运镜：通过模拟宠物视角，使镜头以低角度甚至是贴近地面角度进行拍摄，镜头越贴近地面，所呈现的空间感则越强烈 |
| 6 | 音效 | 根据不同场景的气氛烘托搭配不同的音效，让视频呈现出更惊艳的效果 |
| 7 | 道具 | 道具泛指场景中的装饰、布置用的可移动的物件。道具在短视频中能起到画龙点睛的作用，但不能让它抢了主体的风采 |

## 三、撰写脚本

撰写脚本一般分为以下 3 个步骤。

### 1. 确定主题

在拍摄视频之前，首先要明确视频的选题和创作方向，然后才能开始创作短视频。主题主要靠人物和情节来体现，可以用一句话说明白你要拍摄一个什么样的视频。例如，"同桌的你"主题主要是通过同桌同学的动作和表情，展示她积极向上的一面。

### 2. 搭建故事框架

确定好主题，就可以开始搭建脚本框架了。你需要用一个包含主题的故事来表达你想要表达的主题。例如，我们通过日常活动场所：校园、图书馆、教学楼、操场，将同桌同学在不同场所的主要活动串联起来，用她的积极阳光的动作和表情，感染带动周围的人。

### 3. 充盈细节

好脚本和差脚本的故事以及情节的区别可能不大，最大的差别在于细节是否用心。细节是为了增强视频观众的代入感，调动观众的情绪，使人物形象更加丰满。有了这些细节，人物以及情节才会更加吸引人。"同桌的你"短视频脚本如表 2-3 所示。

表 2-3 "同桌的你"短视频脚本

| 镜号 | 景别 | 角度 | 运镜 | 时长 | 画面 | 音乐 |
|---|---|---|---|---|---|---|
| 1 | 中景 | 仰拍 | 环绕镜头 | 3 s | 学妹站在树荫下抬起手,看向太阳 | 同桌的你 |
| 2 | 近景 | 仰拍 | 环绕镜头 | 2 s | 学妹放下手,低头看向手中的书 | 同桌的你 |
| 3 | 空镜头 | 仰拍 | 横移镜头 | 2 s | 学校图书馆 | 同桌的你 |
| 4 | 远景 | 仰拍 | 推镜头 | 3 s | 学妹从图书馆走出来,走下台阶 | 同桌的你 |
| 5 | 全景 | 仰拍 | 推镜头 | 3 s | 学妹走向教学楼,与同学微笑打招呼 | 同桌的你 |
| 6 | 远景 | 仰拍 | 推镜头 | 3 s | 学妹站在教学楼台阶上看向远处 | 同桌的你 |
| 7 | 全景 | 俯拍 | 移镜头 | 3 s | 学妹坐在教室看向窗外 | 同桌的你 |
| 8 | 特写 | 俯拍 | 拉镜头 | 3 s | 学妹看书 | 同桌的你 |
| 9 | 近景 | 俯拍 | 移镜头 | 2 s | 学妹边看书边微笑 | 同桌的你 |
| 10 | 中景 | 俯拍 | 移镜头 | 2 s | 学妹用手向后撩起长发 | 同桌的你 |
| 11 | 空镜头 | 仰拍 | 移镜头 | 2 s | 教室大楼 | 同桌的你 |
| 12 | 特写 | 平拍 | 移镜头 | 2 s | 学妹在草地上走 | 同桌的你 |
| 13 | 中景 | 仰拍 | 摇镜头 | 2 s | 学妹边走边看书 | 同桌的你 |
| 14 | 特写 | 仰拍 | 摇镜头 | 3 s | 学妹抬手遮挡阳光 | 同桌的你 |
| 15 | 中近景 | 仰拍 | 固定镜头 | 2 s | 学妹转身离开草地 | 同桌的你 |
| 16 | 全景 | 仰拍 | 摇镜头 | 5 s | 学妹在操场边听音乐边散步,捡起从远处飞来的足球扔给同学 | 同桌的你 |
| 17 | 中近景 | 仰拍 | 摇镜头 | 2 s | 学妹在操场边听音乐边向前走去 | 同桌的你 |
| 18 | 空镜头 | 俯拍 | 移镜头 | 2 s | 操场看台的凳子 | 同桌的你 |
| 19 | 全景 | 仰拍 | 移镜头 | 2 s | 学妹坐在凳子上看向操场 | 同桌的你 |
| 20 | 近景 | 平拍 | 固定镜头 | 2 s | 学妹在看台上回头看向镜头微笑 | 同桌的你 |

## 过关测试

结合个人特点,设计一个介绍个人生活和学习的短视频脚本。

## 任务2 制作"同桌的你"短视频

### 任务描述

写好了脚本,就可以开始制作短视频了。有了脚本作指导,我们很清楚要拍摄哪些视频和照片。本任务将主要介绍利用手机进行素材拍摄的方法,以及如何利用"剪映专业版"软件完成素材编辑与视频制作。学习时,要注意掌握手机拍摄及视频制作技巧。同时,要遵守短视频制作相关法律法规,传播正能量、弘扬主旋律。

### 知识链接

#### 一、相关设置

为了达到更好的拍摄效果,在利用手机拍摄素材之前,建议对手机进行相关设置。下面以 vivo 手机为例,介绍手机分辨率、视频帧率、对焦和曝光等参数的设置方法。

1. 设置手机的分辨率

分辨率是指画面由多少个像素构成。理论上讲,像素越高画面越清晰。目前的手机基本上都会有3种分辨率供我们选择。需要注意的是,手机的分辨率越高,拍摄照片占用的内存越大。如果用 4K 拍 1 min 的视频,那么大概占几百兆的内存;如果用 720p 拍摄,那么就占有几十兆的内存。因此,手机分辨率的设置需依据个人手机的内存空间进行。

2. 设置视频帧率

视频是由连续快速播放的照片形成的。人在看到 1 s 播放超过 10 张静止的照片时,就会判定这是一个连续的画面,这就是视频形成的原理。这里的每一张照片称为一帧。

目前的手机基本可以设置为 30 帧或 60 帧,这就代表每秒可以拍 30 张或 60 张照片。帧率越高画面越流畅。用手机拍视频,推荐 1080p、60fps 的设置。

另外,在手机视频拍摄模式下,默认视频拍摄比例是 4∶3(横拍比例),而手机横拍和竖拍全屏画面一般比例为 16∶9 和 9∶16,通常建议使用 16∶9 的画面比例拍摄,在后期剪辑软件中,可以根据实际需要灵活调整这个比例。

3. 开启视频防抖功能

在手机上看视频,如果画面很抖,看一会就会头晕。因此,一个视频的拍摄画面稳定,能够有效提升视频的质感。我们可以在录制视频设置里面打开防抖功能。近两年的旗舰手机基本上都配有防抖功能，而且是自动开启的。

#### 4. 对焦和曝光设置

拍摄视频离不开光影。手机和专业相机在拍摄时的一个很大差别就是，手机对充足光线依赖比较大，在光线充足明亮的地方拍出来的视频很清晰，光线不好的地方拍出来的视频画质就会比较差，这是二者传感器在硬件上的限制产生的。因此，用手机拍视频时尽量要保证拍摄环境光线充足。

对焦和曝光是手机视频拍摄的基础操作，在手机的视频拍摄模式下，单击屏幕即可实现对焦。同时，还可以长按屏幕右边的小太阳上、下滑动调整画面曝光。另外，在许多光线变化的拍摄场景中，需要长按屏幕锁定画面的对焦和曝光，这样手机在拍摄运镜过程中，就能够始终保持曝光稳定，焦点清晰。

#### 5. 变焦设置

如今的手机，拥有从广角、1×、3×、5×、10×、30×，甚至更高的变焦倍数。广角焦段能拍出最广的画面，取景范围大，适合风光及建筑题材的拍摄，能获得具有视觉冲击力的画面；1×为主摄像头焦段，拍摄画质是所有焦段中最好的，适合人像、建筑、风光、纪实等拍摄题材；1×以上的焦段就称为"长焦"，"×"前面的数字越大，拍得就越远。

#### 6. 设置手机视频拍摄不同模式速度

手机拍视频主要有3种不同的速度表现模式：常规速度、慢动作模式和延时摄影模式。常规速度视频接近人眼所见的画面；慢动作视频是指画面播放的速度比常规播放速度更慢，能够表现细微的瞬间变化；延时摄影能够表现时间流逝快速的变化感，可以拍出城市川流不息的车流、人流及天空快速飘动的云霞等。用手机延时摄影模式拍摄时，需要一个相对稳定的拍摄点，要让手机拍摄时间长一点。一般来说，1 min 的实拍可以拍出后期大约 1 s 的成片。手机的延时摄影简化了相机延时拍摄的难度。手机延时拍摄不支持调节速度，可以用后期的剪辑软件进行调节。

## 二、手机拍摄技巧

#### 1. HDR 模式

HDR 模式是指手机摄像头以不同的曝光连续拍摄多张照片，并且进行合成。因此，开启HDR 模式之后，照片的暗部和亮部细节都会有一个很好的展现。例如，你想同时拍摄天空和地面的细节，但是当你对焦天空以后，因为有夕阳的存在，所以地面会一片漆黑；而当你对焦到地面时，天空又会因为处在逆光中，所以一片惨白。HDR 模式的作用在此刻就得以体现出来。打开 HDR 模式，拍摄逆光大光比场景时，天空和地面的细节都可以完美地记录下来。

#### 2. 慢门摄影

现在很多手机的摄影功能都很丰富，不需要单反就能够拍摄出慢门效果。无论是夜晚的车水马龙、满天的星辰，还是光源移动的轨迹、如丝般的流水，都可以用手机的摄影功能非常轻松地实现。但是需要注意的是，手机拍摄慢门也是需要保证画面的稳定性，因此在拍摄时，可以用三脚架或八爪鱼脚架固定手机。

#### 3. 学会连拍

有很多优秀的摄影作品都非常自然生动，如果想要拍摄出这种效果，则可以利用手机的连拍功能去捕捉自然的生动瞬间。因为很多让你感觉精彩的瞬间，都是不可重现的，我们更应该通过高速的连拍去定格状态画面。例如，在风中摇曳的小草、被海浪拍打溅起的波浪等，都可以用连拍模式去捕捉最为完美的那一刻。

#### 4. 拍摄的准备和等待

在风光摄影中，如果你想拍出独特的摄影作品，那么你应该要知道，有些美景需要准备和等待。例如，你想拍摄金灿灿的日出和日落，就需要提前知道日出和日落的大概时间，然后进行踩点，找到最佳的一个摄影角度；如果你想拍摄那些富有意境的山水风景，则可以提前去找好拍摄角度，静静地等待一艘竹筏划入你的画面当中，等它走到你想要的位置时再快速按下快门，一张更加生动的山水风景照就完成了。

### 三、素材编辑

完成了素材的拍摄，接下来就是制作视频了。目前市面上的视频剪辑软件有很多，如 Primiere、FinalCut、爱剪辑、剪映、会声会影、巧影等。我们选取较简单的"剪映专业版"软件(后统称剪映)来编辑视频。

#### 1. 剪映的特点

（1）免费

剪映是一个完全免费的软件。

（2）功能比较齐全

剪映于 2020 年 11 月推出 Mac 版，并于 2021 年 2 月在 Windows 平台推出专业版。经过不断升级，其功能基本完善。

（3）操作简单

相比专业的 Primiere 及大型的 FinalCut 软件，剪映界面简洁，用户很容易上手。并且剪映有大量的 AI 功能，例如它利用语音识别自动生成字幕，给人们的剪辑减少了很多工作量。

（4）素材丰富

剪映拥有海量的素材，包括音乐素材、音效素材及贴纸素材等。

（5）跨平台

剪映是一个跨平台软件，它同时支持移动端 iPad、Mac 及 Windows 系统。我们也可以将自己的草稿上传到云端，然后同时在多个终端对素材进行编辑操作。

（6）占用内存小

剪映的安装包只有 300 多兆，可以节省很多内存资源。

2. 利用剪映制作视频

（1）添加素材

启动剪映，单击"开始创作"，弹出如图 2-1 所示的窗口。

图 2-1　剪映主窗口

在素材区导入需要编辑的素材，并添加至轨道，如图 2-2 所示。

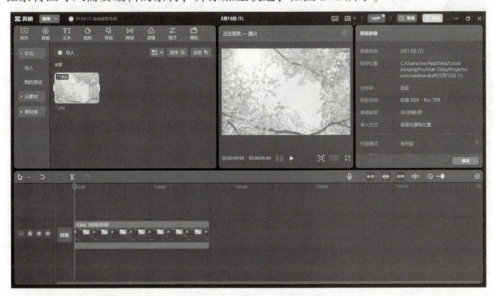

图 2-2　导入需要编辑的素材

除本地上传素材外，剪映内部也存储了很多素材，可以根据需要下载使用。在这里，我们根据视频主题，添加一个片尾素材，并拖动轨道中的素材调整前后顺序，将片尾素材调至尾部，如图 2-3 所示。

图 2-3 添加片尾素材

(2)添加音频

剪映内部内置了很多音乐,在搜索栏里输入"同桌的你",找到适当的剪辑版进行添加,并且在右上角可以进行音量、音效及变速的调节,如图 2-4 所示。

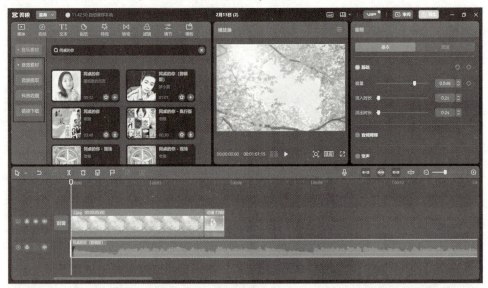

图 2-4 添加音乐素材

在"音效素材"中,选择适当的音效可以试听,如果视频需要,则选择并添加在适当的位置即可。单击"音频提取",可以导入我们的视频,提取其中的音乐;"抖音收藏"里是登录的抖音账号中默认收藏的音乐;单击"链接下载"可以复制抖音的链接下载音乐。

(3)添加文本

在"文本"选项中,单击"+"可以新建文本。在右上角,可以输入文字,如"晨读",并对文字进行颜色和样式的调整,如图 2-5 所示。

图 2-5　添加文本

也可以单击左上方素材栏里面的"花字",进行字体样式的选择,自动生成字体样式。

单击"文字模版",可以导入不同的文字样式;单击"智能字幕",可以识别视频中的人声并自动生成字幕;单击"识别歌词",可以自动识别音轨上的音乐,并自动转化为歌词。

例如,这里我们可以对音频进行裁剪,选择音乐并单击"开始识别",识别完成后可以看到,下方多了一条歌词文字的轨道。我们可以单击对其进行修改。它的下方还有一条文字轨道、视频轨道以及音频轨道,共4条轨道,如图2-6所示。

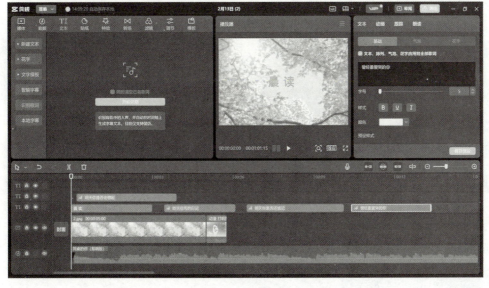

图 2-6　裁剪、修改音频

单击相应的轨道,在右上方可以进行相应的设置与更改,把轨道设置成我们喜欢的样式。单击"播放"可以看到短视频的制作效果。这样一个简单的视频就制作完成了。

## 过关测试

利用任务1过关测试中设计的"个人生活和学习"短视频脚本,制作短视频,并总结创作技巧。

_____
_____
_____
_____
_____
_____
_____
_____

## 任务3  发布"同桌的你"短视频

## 任务描述

制作完成的短视频除了与身边的人分享,还可以把它发布到视频平台上,让更多的人了解新时代大学生的生活。本任务将主要介绍常用的短视频平台的特点及短视频的发布方法,树立良好的短视频平台消费和使用观念,提高网络信息甄别能力。

## 知识链接

随着网红经济的出现,视频行业迅速崛起了一批优质用户原创内容(User Generated Content,UGC)。微博、秒拍、快手、今日头条等纷纷入局短视频行业,募集一批优秀的内容制作团队入驻。2018年,短视频行业竞争进入白热化阶段,内容制作者也偏向专业生产内容(Professional Generated Content,PGC)化专业运作。

### 一、常见短视频平台简介

#### 1. 抖音

抖音是由字节跳动(又称北京抖音信息服务有限公司)孵化的一款音乐创意短视频社交

软件。该软件于 2016 年 9 月 20 日上线，是一个面向全年龄的短视频社区平台，用户可以通过这款软件选择歌曲，拍摄视频形成自己的作品。

2. 哔哩哔哩

哔哩哔哩，英文名称为 bilibili，简称 B 站，现为中国年轻一代高度聚集的文化社区和视频平台。该网站于 2009 年 6 月 26 日创建，被网友们亲切地称为"B 站"。2018 年 3 月 28 日，哔哩哔哩在美国纳斯达克上市；2021 年 3 月 29 日，哔哩哔哩正式在香港二次上市。

3. 快手

快手是北京快手科技有限公司旗下的产品。快手的前身是"GIF 快手"，诞生于 2011 年 3 月，最初是一款用来制作、分享 GIF 图片的手机应用。2012 年 11 月，快手从纯粹的工具应用转型为短视频社区，用于用户记录和分享生产、生活的平台。后来随着智能手机、平板电脑的普及和移动流量成本的下降，快手在 2015 年以后迎来市场。

快手是基于大数据展开的一项用户推荐的平台。用户可以用短视频和照片与亲朋好友或其他陌生人分享生活、记录生活；也可以直接通过用户直播实施互动，非常便捷。其在地方卫视发展上和许多卫视签署了协议，建设"互联网+"时代的短视频平台。与此同时，其他人也可以对自己喜欢的内容进行评论、点赞、转发等交互行为。

4. 西瓜视频

西瓜视频是字节跳动旗下的中视频平台，以"点亮对生活的好奇心"为口号。西瓜视频通过人工智能帮助每个人发现自己喜欢的视频，并帮助视频创作者轻松地向全世界分享自己的视频作品。

5. 小红书

小红书是一个生活方式平台和消费决策入口，创始人为毛文超和瞿芳。小红书通过机器学习对海量信息和人进行精准、高效匹配。小红书旗下设有电商业务，2017 年 12 月，小红书电商获评《人民日报》的代表中国消费科技产业的"中国品牌奖"。

6. 火山小视频

火山小视频(抖音火山版)是一款 15s 原创生活小视频社区，由今日头条孵化，通过小视频帮助用户迅速获取内容，展示自我，获得粉丝，发现同好。

7. 好看视频

好看视频是百度短视频旗舰品牌，包括好看视频独立 App、百度 App 短视频、百度搜索短视频等，致力于打造"泛知识"短视频平台，全面覆盖知识、生活、健康、文化、历史、科普、科技、情感、资讯、影视等领域。

8. 美拍

美拍是一款可以直播、制作小视频的受年轻人喜爱的软件。美拍有高颜值手机直播+超火爆原创视频。2014 年 5 月上线后，其连续 24 天蝉联 App Store 免费总榜冠军，且当月 App Store 全球非游戏类下载量位居第一。

#### 9. 土豆

土豆是阿里巴巴文化娱乐集团旗下的短视频平台，以"只要时刻有趣着"为口号来号召全球有趣的短视频。土豆由阿里巴巴文化娱乐集团移动事业群总裁何小鹏兼任总裁，全力进击专业用户生产内容（Professional User-Generated Content，PUGC）领域。

#### 10. 微视

微视是指腾讯短视频创作分享平台微视。微视用户可以通过 QQ、微信账号登录，将拍摄到的短视频同步分享给微信好友、朋友圈、QQ 空间。

## 二、短视频发布

以快手为例，发布短视频的步骤如下。

**步骤 1** 在手机上下载快手 App，注册并登录进入主页面。

**步骤 2** 单击主页面左上角的图示按钮进入菜单页面，在菜单页面单击用户头像，进入用户页面。

**步骤 3** 单击用户页面下方的"发作品"进入拍摄视频页面。在拍摄视频页面可以拍摄短视频，也可以从相册中选择短视频。一般要发布的视频都是事先处理好的，直接从相册中选择即可。

**步骤 4** 选择好视频之后，可以对视频进行一定的处理，如剪辑、美化、配乐、输入文字等，处理好后单击"下一步"进入发布页面。

**步骤 5** 在发布页面里，可以进行个性化设置。例如不允许下载此作品；对所有人可见（公开、好友、私密）等。全部设置好后，单击页面下方的"发布"即可发布视频。

## 过关测试

选择你熟悉的平台，发布制作好的短视频。

_____
_____
_____
_____
_____
_____

 拓展阅读

### 融媒体

"融媒体"是指各种媒体呈现出多功能一体化的趋势，即充分利用互联网载体，把广播、

电视、报纸等既具有共同特点又存在互补性的不同媒体，在人力、内容、宣传等方面进行全面整合，实现资源融通、内容兼容、宣传互融、利益共融的新型媒体。

融媒体本身具有以下4个特点。

(1) 全媒介

融媒体实现"融"的前提就是全媒介。这个"全"不仅是指媒体形态的多样一体化，它还包括传统媒体的品类、相关资源等，同时整合新兴媒体在技术、环境、获得感等方面的特殊优势，实现全媒体特质。

(2) 一体化

融媒体联合优选广播、报刊及智能手机、平板电脑等载体，进一步择优传播媒介，对它们进行技术内容等信息传递，这一过程体现的特质称为一体化传播。

(3) 互补性

融媒体可以将新媒体和传统媒体进行优势互补，提炼传统媒体的权威专业及优秀品质，提炼新媒体快捷丰富的特质，打造专业的信息传播团队，甄选信息资源，并尊重受众的自主选择权。

(4) 强互动

传统媒体被动性强，无互动体验，新媒体受众只能被动接受信息，再与自己接受到的被动信息进行互动；而融媒体可以让受众主动选择想要接受的信息并进行互动，且在大数据的帮助下，融媒体也能带来更好的用户体验。融媒体的一来一往，让用户能有更强的创造感、参与感和个人存在感。让受众认为自己是信息创造和传递不可或缺的一部分。

随着融媒体的不断发展，媒体发展也将步入一个崭新的时代。在5G融媒体时代里，我们在享受着融媒体带来的时效性、互动性和便利性的同时，也要努力提升自身的媒介素养，让自己具备更深的媒介认知能力、多元的媒介内容分析能力、更高的信息筛选甄别能力、超强的媒介参与和传播能力及更强的信息安全意识。

## 模块考核

### 一、单项选择题

1. 60 s 的短视频,一般文字不要超过( )个。
   A. 60　　　　　B. 100　　　　　C. 120　　　　　D. 180
2. 将整个人和环境都拍摄在画面中属于( )镜头景别。
   A. 全景　　　　B. 远景　　　　C. 中景　　　　D. 近景
3. 在手机视频拍摄模式下,默认视频拍摄比例(横拍比例)是( )。
   A. 3∶4　　　　B. 4∶3　　　　C. 9∶16　　　　D. 16∶9
4. ( )被称为短视频脚本的"灵魂"。
   A. 镜头景别　　B. 画面内容　　C. 台词　　　　D. 时长
5. 如果将手机的视频帧率设置为 30 帧,则代表每秒可以拍( )张照片。
   A. 20　　　　　B. 30　　　　　C. 60　　　　　D. 无法确定

### 二、填空题

1. 脚本一般可分为＿＿＿＿、＿＿＿＿和＿＿＿＿。
2. 1×以上的焦段就称为"长焦","×"前面的数字越大,拍得就越＿＿＿＿(填"远或近")。
3. 分镜头脚本主要由＿＿＿＿、＿＿＿＿、台词、时长、运镜、音效、道具等元素组成。
4. 一般来说,1 min 的实拍可以拍出后期大约＿＿＿＿秒钟的成片。

### 三、简答题

谈谈你用手机拍摄的技巧。

## 模块实训

模块 2　融媒体与短视频制作实训任务单

# 模块3　程序设计与编程思维

模块导学

编程是21世纪每个人都要掌握的技能。因为无论你从事什么工作，未来都会以机器和人工智能为基础。这样，社会或许只剩下两种类型的工作岗位：一种是设计软件；另一种是使用软件。无论你从事哪一种工作，学习编程，都能让你更好地适应社会。

苹果公司创始人史蒂夫·乔布斯曾经说过："每个人都应该学习编程，因为它教会你思考"。编程是学习解决问题的过程，它能够培养你的计算机思维，让你学会如何把大的问题拆解成一系列小的、容易处理的问题，最终高效解决问题。

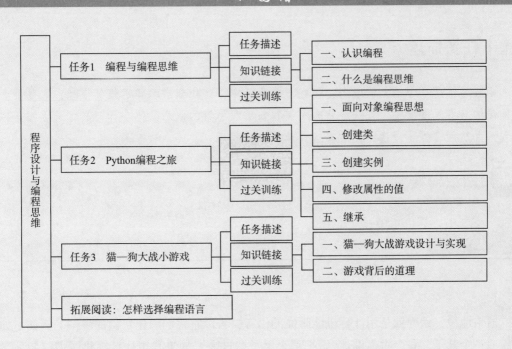

## 学习目标

| | |
|---|---|
| 知识目标 | 1. 理解编程的概念，体会编程思维；<br>2. 理解面向对象编程思想；<br>3. 掌握类的定义、类的使用、类的属性、类的各种方法与类的继承。 |
| 能力目标 | 1. 能够基于Python进行简单的游戏设计与开发；<br>2. 能够通过编程解决生活中的一些实际问题。 |
| 素质目标 | 1. 养成良好的代码书写习惯；<br>2. 具备较强的逻辑思维能力、团队协作能力和创新精神。 |

## 建议学时

6 学时

# 任务1 编程与编程思维

## 任务描述

编程思维是一个抽象的概念，但在日常生活中，到处都有编程思维的模型，它是一种解决问题的有力思维方式。本任务将介绍编程与编程思维的概念，体会如何具体地去描述一个问题，并从问题描述过渡到数学表达，最终付诸程序。

## 知识链接

### 一、认识编程

**1. 什么是编程**

通俗地说，编程就是用计算机能听懂的语言，告诉它我们想让它做的事情。例如，如果我需要一个凳子，我会对你说："请把那个凳子搬过来。"如果我想让计算机听懂这句话，那么就需要这样表达：

> 定义对象：什么是"凳子"；
> 把凳子向上移动20厘米；
> 把凳子往前移动两米；
> 把凳子向下移动20厘米。

这样，计算机就完成了我们想要它做的事。

当然，现在也有很多不需要写代码就可以开发出程序的工具，但是如果你想要随心所欲地掌控计算机，那么掌握编程技能是必不可少的。

### 2. 什么是编程语言

简单地说，编程语言（Programming Language）是一种能够控制计算机（或计算设备）行为的人工语言。常用的编程语言有 C、Python、Java、C++、PHP、JavaScript 等，不同编程语言有各自的适用场景，也各有自己的优缺点。

## 二、什么是编程思维

### 1. 编程思维的概念

相比于人与人之间交流的随意与感性，我们和计算机对话时，必须具备严谨、理性的思路，每一步都要给出准确的指令。当你试着从计算机的角度去思考问题时，也就学习并锻炼了"编程思维"。因此，编程思维并不是编写程序的技巧，而是一种高效解决问题的思维方式，它是"理解问题并找出路径"的高效思维过程。

### 2. 编程思维的组成

编程思维由分解、模式识别、抽象、算法4个步骤组成。

（1）分解

分解，就是把一个复杂的大问题，拆解成可执行、更容易理解的小步骤。例如，你要为某客户的出游做一个旅游规划，这件事听起来很烦琐，但学会分解以后，你就会把这个难题拆分成几个容易解决的小任务——确立目的地、安排行程、预定机票和宾馆、准备行李清单等。而编程的过程，就是在不断地训练如何把复杂的问题拆解、理顺的过程，这个过程是解决问题的基础。只有把问题拆解清楚，才有接下来实现的可能。正如麻省理工学院的计算机教授米切尔·雷斯尼克（Mitchel Resnick）所说："在学编程的过程中教孩子们学会拆分问题，这才是最重要的。"

（2）模式识别

模式识别，就是识别不同问题的模式和趋势（共同点）的过程。我们可以在自己的经验库里找出类似问题的解决办法，然后套用解决。识别的模式越多，解决问题的速度也就越快。例如，如果需要画100只猫，你会怎么办？是找100只猫来临摹？还是找出猫的"模式"，对猫进行模式识别。我们会发现猫有这些共同点：有眼睛、耳朵、尾巴、四条腿……我们根据这些特征建立起猫的"模式"，按照这个模式就可以批量画猫了。不用每次画一个新动物，只需要变换局部特征（如毛发颜色、尾巴长短）就能轻松解决。

在编程过程中，我们一直在进行着这样的训练，当发现一些可重复的步骤，就会把它们整合起来，建立模式。当再遇到类似问题时，就能让计算机套用此模式，从而快速解决问题。

(3) 抽象

抽象，是指聚焦最重要的信息，忽视无用细节。简单来说就是找到问题的本质，过滤掉其他无关紧要的因素。抽象思维高的人，能在大量信息中抓住关键信息，提高学习效率，从而更加轻松地学习。

在编程世界里，包含子系统、模块、包、类、方法和语句等不同等级的抽象，可见，编程能够让人不断提升聚焦关键信息的能力。

(4) 算法

算法，是指一步步解决问题的过程。根据前面对问题的分析与理解，设计出每一步的路径方法，从而解决整个问题。在具体解决问题的过程中，最关键的是逻辑思维能力和调试纠错能力。

计算机程序需要具有很强的逻辑性，只有逻辑顺畅才能顺利运行；而调试纠错，就是当出现结果与预期不符时，需要找出算法之中的漏洞并解决它。

## 过关测试

接下来的任务学习将带你体验 Python 编程之旅。在这之前，首先需要你搭建 Python 环境，请同学们检查自己的计算机是否已经安装了 Python，如果没有安装，请学习安装它。另外，你可以提前学习一些 Python 基础知识，并记录下你的学习收获。

_____
_____
_____
_____
_____
_____
_____

## 任务 2　Python 编程之旅

## 任务描述

面向对象编程是非常有效的软件编写方法之一。使用面向对象编程可模拟现实情景，其逼真程度达到了令人惊讶的地步。本任务将介绍面向对象的编程思想，并通过具体的例子，介绍创建和使用类及实例的方法。

 知识链接

## 一、面向对象编程思想

### 1. 什么是面向对象编程

面向对象编程（Object Oriented Programming，OOP），是一种封装代码的方法。代码封装，其实就是隐藏实现功能的具体代码，仅留给用户使用的接口。这就好比我们使用计算机，你只需要会使用键盘、鼠标去实现一些功能，而不需要知道其内部的工作过程。

本任务所介绍的面向对象编程，也是一种封装的思想，不过要比以上两种封装更加先进，它可以更好地模拟真实世界里的事物（如我们喂养的宠物、使用的手机，我们将其视为对象），并把描述这些对象特征的数据和代码块（也就是函数）封装到一起。

例如，如果在某游戏中设计一只小狗的角色，应该如何来实现呢？使用面向对象的思想，我们可以从以下两个方面进行描述：

①从它的表面特征来描述，小狗具有名字、年龄、颜色等属性；

②从所具有的行为来描述，小狗会蹲下、会打滚等。

了解这两个方面后，我们就能将观察到的真实世界，翻译成面向对象的编程世界。如果将小狗用代码来表示，则可以写成如下形式：

```python
class Dog():
    def __init__(self,name,colour):
        self.name = name
        self.colour = colour
    def sit(self):
        print(self.name+"会蹲下。")
    def roll_over(self):
        print(self.name+"会打滚！")
```

其表面特征可以用变量来表示（如 name、colour），其行为特征可以通过建立各种函数来表示（如 sit( )、roll_over( )）。

这里在书写的格式上，有许多需要注意的地方。但你也不用担心，本任务充斥着这样的结构，你会有大把的机会熟悉它。

这段代码仅仅是为了演示面向对象的编程思想。因此，它只打印了一条小狗蹲下或打滚的消息。那么可以设想一下，如果这个类是包含在一个计算机游戏中，那么这些方法将会包含创建小狗蹲下和打滚动画效果的代码。是不是很有趣呢？

### 2. 相关术语

在学习面向对象编程之前，需要了解以下几个术语。

（1）类

类可以理解成一个模板，或是一张图纸，通过它可以创建出无数个具体实例。例如，前面编写的 Dog 类，它表示的只是狗这个模板，通过它可以创建出许多实例来代表各种不同

特征的狗,这一过程又称类的实例化。

类并不能直接使用,通过类创建出的实例(也称为对象)才能直接使用。这类似于汽车图纸和汽车的关系,图纸本身并不能为人们使用,通过图纸创建出的汽车才能为人们使用。

(2)属性

类中的所有变量称为属性。例如,在 Dog 这个类中,name、colour 等,都是这个类拥有的属性。

(3)方法

类中的所有函数通常称为方法。不过和函数不同的是,类方法中至少要包含一个 self 参数。例如,在 Dog 类中,sit( )、roll_over( ) 都是这个类所拥有的方法。

(4)对象

对象是理解面向对象技术的关键。它与面向过程不同,面向过程强调的是每一个功能实现的具体步骤;而面向对象强调的是对象,然后由对象去调用功能。它将复杂的事情简单化,让我们从执行者变成了指挥者。

## 二、创建类

前面已经提到,类相当于图纸,不能直接拿来使用,而只有根据类创建的对象才能使用。因此,在 Python 程序中,类的使用顺序是:先创建类,然后根据类创建实例对象,进而通过实例对象实现特定的功能。

Python 中定义一个类,最常用的方法是:使用 class 关键字实现,类名直接跟在 class 后面,然后编写其类属性和类方法。Python 中定义类的格式如下:

class 类名:
  类的属性
  类的方法

【例 3-1】定义一个名为 Dog 的类。

①  class Dog():
②   def __init__(self, name,colour):
③    self.name= name
    self.colour= colour
④   def sit(self):
    print(self.name+ "会蹲下。")
   def roll_over(self):
    print(self.name+ "在打滚!")

【说明】

和变量名一样,类名本质上就是一个标识符。因此,在给类命名时,必须让它符合 Python 的语法。根据约定,在 Python 中,首字母大写的名称指的就是类。例如在程序①行处,用 Dog 作为狗类的类名。给类命名之后,其后要跟冒号,表示告诉 Python 解释器,下面要开始设计类的内部功能了(也就是说,要开始编写类属性和类方法了)。

方法 __init__ ( )是一个特殊的方法(也称为构造方法或构造函数),例如程序②行处。每当根据 Dog 类创建新实例时,Python 都会自动运行它。在这个方法的名称中,开头和末尾各有两个下画线,这是一种约定,目的是避免 Python 的默认方法与普通方法发生名称的冲突。方法 __init__( )中包含 3 个形参:self、name 和 colour。在这个方法的定义中,形参 self 是必不可少的,而且必须作为第一个参数。

name 和 colour 变量都有前缀 self,例如程序③行处。以 self 为前缀的变量都可供类中的所有方法使用,我们还可以通过类的任何实例来访问这些变量。例如,self. name = name 的作用是获取存储在形参 name 中的值,并将其存储到变量 name 中,然后该变量被关联到当前创建的实例。self. colour = colour 的作用与此类似。

Dog 类还定义了另外两个方法:sit( )和 roll_over( ),例如程序④行处。它们只有一个形参 self。目前,sit( )和 roll_over( )所做的功能很有限,它们只是打印一条小狗蹲下或打滚的消息。但随着编程水平的提高,你可以扩展这些方法,以模拟实际情况。例如,你可以在这些方法中创建小狗蹲下和打滚的动画效果的代码。

现在,Dog 类已经创建好了,但是它还不能直接使用,定义好的类必须实例化以后才能使用。下面,我们将根据 Dog 类创建实例对象。

## 三、创建实例

根据类创建实例的方法与函数调用类似,只要使用类名加圆括号的形式,就可以实例化一个类。创建实例的具体格式如下:

对象名=类名( )　　　　#创建对象

对象名. 新的属性名=值　　　#添加属性

对象名. 方法名( )　　　　#调用方法

【例 3-2】根据已创建好的 Dog 类,创建一个特定的小狗实例。

```
class Dog():
    def __init__(self, name,colour):
        self.name= name
        self.colour= colour
    def sit(self):
        print(self.name+ "会蹲下。")
    def roll_over(self):
        print(self.name+ " 在打滚!")
① dog1=Dog( '雪球', '白色')
② print( "这只小狗名叫"+dog1.name.title()+"。")
③ print(dog1.name.title()+ "是" +dog1.colour.title()+" 的。")
```

【说明】

在程序①行处,我们创建了一只名称为雪球的白色小狗。这行代码中,Python 使用实参 '雪球' 和 '白色' 调用 Dog 类中的方法 __init__( )。__init__( )方法创建一个表示特定小狗的实例,并使用我们提供的值来设置属性 name 和 colour。我们将这个实例存储在变量 dog1 中。在这里,为什么只给 name 和 colour 传递值,而没有考虑 self 呢?因为每个与类相关联的方法调用,Python 都会自动传递实参给 self,它是一个指向实例本身的引用。因此,当我们根据 Dog 类创建实例时,只需给最后两个形参(也就是 name 和 colour)提供值即可。

在程序②和程序③两行处，我们分别用 dog1.name 和 dog1.colour 这种句点表示法，来访问属性 name 和 colour 的值。

> **注意**：如果在 Dog 类中引用 name 和 colour 这两个属性，则使用的是 self.name 和 self.colour。

运行这段代码，我们会看到有关 dog1 的基本信息，如图 3-1 所示。

图 3-1　【例 3-2】代码运行结果

根据 Dog 类创建实例后，就可以调用 Dog 类中定义的任何方法。

【例 3-3】让小狗蹲下或打滚。

```
class Dog():
    def __init__(self, name,colour):
        self.name= name
        self.colour= colour
    def sit(self):
        print(self.name+ "会蹲下。")
    def roll_over(self):
        print(self.name+ "在打滚！")
dog1=Dog( '雪球'，'白色' )
① dog1.sit()
② dog1.roll_over()
```

【说明】

遇到程序①和程序②时，Python 在 Dog 类中查找方法 sit() 和 roll_over()，并运行其代码。这时，我们会看到：雪球按我们的命令正在做蹲下和打滚的动作，如图 3-2 所示。

图 3-2　【例 3-3】代码运行结果

【例 3-4】根据类创建多个实例。

```
Class Dog():
    ……
  dog1=Dog( "雪球"，"白色" )
① dog2=Dog( "阿黑"，"黑色" )

  print( "这只小狗名叫"+dog1.name.title()+"。" )
  print(dog1.name.title()+ "是" +dog1.colour.title()+" 的。" )
  dog1.sit()

  print( "那只小狗名叫"+dog2.name.title()+"。" )
  print(dog2.name.title()+ "是" +dog2.colour.title()+" 的。" )
  dog2.sit()
```

【说明】

在程序①行处，我们又创建一个名为 dog2 的小狗实例。现在，我们已经创建了两只小狗，它们的名称分别为"雪球"和"阿黑"。每只小狗都是一个独立的实例。

运行代码我们可以看到，两只小狗各有自己的一组属性，能够执行相同的操作，如图3-3所示。

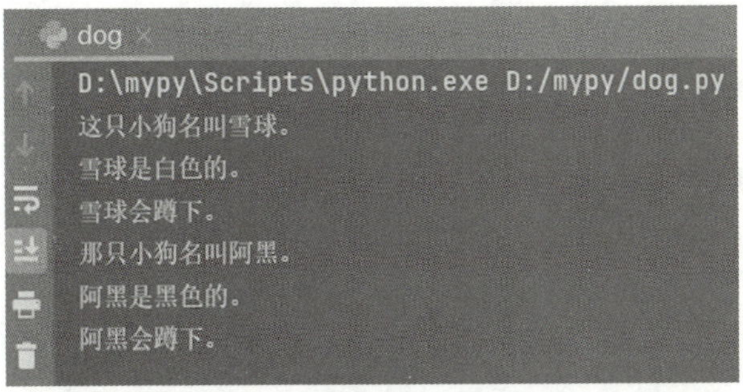

图3-3 【例3-4】代码运行结果

在一些实际的项目中，经常会遇到需要根据一个类创建任意数量实例的情况，你只需要将每个实例都存储在不同的变量中，或者让它们占用列表或字典的不同位置即可。在后续的"猫—狗大战"游戏中，便是利用字典和列表来存储游戏中的很多 cat 和 dog 的。

## 四、修改属性的值

类编写好以后，你的大部分时间实际上都将花在使用根据类创建的实例上。其中的一个重要任务就是：修改实例的属性。为了方便操作，我们在【例3-5】中添加一个随时间变化的属性 age，用它存储小狗的年龄。

【例3-5】添加 age 属性并设置初值。

```
class Dog():
    def __init__(self,name,colour):
        self.name = name
        self.colour = colour
①       self.age= 0
    def sit(self):
        print(self.name+"会蹲下。")
    def roll_over(self):
        print(self.name+"在打滚！")
②   def get_age(self):
        print("这只小狗"+str(self.age)+"岁。")
dog1=Dog('雪球','白色')
dog1.get_age()
```

【说明】

类中的每个属性都必须有初值。如果在方法 __init__() 内设置了默认值，那么就无须再包含为它提供初始值的形参。例如，在程序①行处，我们为 Dog 类中刚添加的 age 属性设置初值 0。在程序②行处，定义了一个名为 get_age() 的方法，它能够让你轻松地获悉小狗的年龄。

随着时间的推移，小狗的年龄也在增加，这时候就需要修改 age 的值。修改属性的值的方法有多种：可以直接修改属性的值，可以通过方法进行设置，也可以通过方法进行递增（增加特定的值）。下面依次介绍这些修改属性的值的方法。

1. 直接修改属性的值

要修改属性的值，最简单的方式是通过实例直接访问它。

【例3-6】直接修改小狗的年龄。

```
class Dog():
    def __init__(self,name,colour):
        self.name = name
        self.colour = colour
        self.age= 0
    def sit(self):
        print(self.name+ "会蹲下。")
    def roll_over(self):
        print(self.name+ " 在打滚！")
    def get_age(self):
        print( "这只小狗" +str(self.age)+ " 岁。")
dog1=Dog('雪球','白色')
① dog1.age=1
dog1.get_age()
```

【说明】

在程序①行处我们使用句点表示法，直接访问并设置小狗的年龄为1岁。

直接修改属性的值虽然简单，但是如果有替你更新属性值的方法，则会更省力。这样我们就无须访问属性，而是将值传递给一个方法，由它在内部进行更新。

2. 通过方法进行设置

【例3-7】通过方法修改小狗的年龄。

```
class Dog():
    def __init__(self,name,colour):
        self.name = name
        self.colour = colour
        self.age= 0
    def sit(self):
        print(self.name+ "会蹲下。")
    def roll_over(self):
        print(self.name+ " 在打滚！")
①   def update_age(self,new_age):
        self.age=new_age
    def get_age(self):
        print( "这只小狗" +str(self.age)+ " 岁。")
dog1=Dog('雪球','白色')
② dog1.update_age(1)
dog1.get_age()
```

【说明】

在程序①行处添加了一个update_age()方法，这个方法用来接收一个年龄值，并将其存储到self.age中。在程序②行处，调用了update_age()方法，并向它提供了实参1，该实参对应于update_age()方法中的形参new_age。它将小狗的年龄设置为1岁。

为了避免编程时小狗年龄出现负增长，我们还可以扩展update_age()方法的功能。这样，update_age()方法在修改属性前，就要先检查指定的年龄是否合理。

扩展 update_age( )的方法如下：
```
    def update_age(self,new_age):
        if  new_age>=self.age:
①            self.age=new_age
        else:
②            print("不能将小狗年龄逆转！")
```

这样，如果新指定的年龄大于或等于原来的年龄，那么就将小狗的年龄改为新的年龄；否则就发出警告，指出"不能将小狗年龄逆转！"。

### 3. 通过方法进行递增

有时候需要将属性值递增特定的量，而不是将其设置为全新的值。例如，小狗长大了1岁，如何来修改呢？这时可以通过方法对属性的值进行递增。

**【例3-8】** 通过方法递增小狗的年龄。

```
    class Dog():
        ......
        def update_age(self,new_age):
            ......
①       def increment_age(self,ages):
            self.age+=ages
        def get_age(self):
            print("这只小狗"+str(self.age)+"岁。")

    dog1=Dog("雪球","白色")
②   dog1.increment_age(1)
    dog1.get_age()
```

**【说明】**

在程序①行处，新增了一个 increment_age( )方法。

在程序②行处，调用这个方法，并传入实参1，以增加小狗的年龄。同样，你也可以轻松地修改这个方法，用以禁止小狗年龄增量为负值。

你可以使用类似于上面的方法，来控制用户随意修改属性的值。但是，只要能够访问程序的人，都可以通过第一种方法，将小狗的年龄修改为任何值。因此，作为一名程序开发人员，要确保数据安全，仅仅进行类似于前面的基本检查是不够的，还需要注意其他一些细节。

## 五、继承

面向对象编程的优点之一，就是可以通过继承来减少代码，也可以灵活地定制新类。如果你要编写的类是另一个现成类的特殊版本，那么就可使用继承，而不必再重新编写类。当一个类继承另一个类时，它将自动获得另一个类的所有属性和方法；原有的类称为父类，而新类称为子类。子类继承了其父类的所有属性和方法，还可以定义自己的属性和方法。

### 1. 子类继承父类所有的属性和方法

**【例3-9】** 模拟一只军犬（Military Dog）。军犬是一种特殊的狗，可以直接让它继承 Dog

类的所有功能。

```
① class Dog():
      def __init__(self, name,colour):
          self.name= name
          self.colour= colour
          self.age= 3
      def update_age(self,new_age):
          if new_age>=self.age:
              self.age=new_age
          else:
              print("不能将小狗年龄逆转！")
      def increment_age(self,ages):
          self.age+=ages
      def get_info(self):
          print(self.name+' '+self.colour+' '+str(self.age))
② class Military_Dog(Dog):
③     def __init__(self, name,colour):
④         super().__init__(name,colour)
⑤ dog3=Military_Dog('旋风','黑色')
  dog3.get_info()
```

【说明】

程序①行处是事先编写好的 Dog 类的代码。创建子类时，父类必须包含在当前文件中，且位于子类的前面。

在程序②行处，定义了子类 Military_Dog。当定义子类时，必须在括号内指定父类的名称 Dog。在创建子类的过程中，你需要手动调用父类的构造方法 __init__()，来完成子类的构造。

程序③行处的 __init__() 方法用来接收创建 Dog 实例所需的信息。

程序④行处的 super() 是一个特殊的函数，它的作用是帮助 Python 将父类和子类关联起来。这行代码是让子类（Military_Dog）的实例包含父类的所有属性。因为父类也称为超类（superclass），名称 super 因此而得名。

在程序⑤行处，为了测试继承是否发挥了作用，创建了子类（Military_Dog）的一个实例 dog3。由于在 Military_Dog 中，除 __init__() 外，没有定义其他属性和方法。因此，上述代码运行结果如图 3-4 所示，其说明了 Military_Dog 类继承了 Dog 类的所有行为。

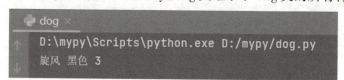

图 3-4 【例 3-9】代码运行结果

### 2. 给子类定义属性和方法

一个类继承了另一个类以后，还可以添加区分子类和父类的新属性和新方法。下面我们添加一个军犬类特有的属性：军龄，以及一个方法：服役。

【例 3-10】为子类 Military_Dog 添加属性和方法。

```
    class Dog():
        ……

    class Military_Dog(Dog):
        def __init__(self, name,colour):
            super().__init__(name,colour)
①           self.s_age=2
②   def service_life (self):
            print("它已经服役"+str(self.s_age)+"年了。")
    dog3=Military_Dog('旋风','黑色')
    dog3.get_info()
    dog3. service_life()
```

【说明】

在程序①行处，我们添加了属性 s_age，并将其初值设置为2。根据 Military_Dog 类创建的所有实例，都包含这个属性，但所有 Dog 实例都不包含它。

在程序②处，我们还添加了一个名为 service_life( ) 的方法。调用这个方法时，将看到一只军犬特有的描述，如图3-5所示。

图3-5 【例3-10】代码运行结果

### 3. 重写父类的方法

对于父类的方法，只要它不符合子类所模拟的实物的行为，都可以对其进行重写。重写父类的方法是：在子类中定义一个方法，让它与要重写的父类方法同名。

假如 Dog 类中有一个名为 pf 的方法，它对军犬没有太大的意义，你可以这样改写它：

```
class Military_Dog(Dog):    #重写父类的方法
    ……
    def  pf ():
        print("军犬没有这个行为！")
```

现在，如果你对军犬调用 pf( ) 方法，那么 Python 将忽略 Dog 类中的 pf( ) 方法，转去运行这段代码。可见，使用继承可让子类保留从父类那里继承而来的精华，并剔除我们不需要的糟粕。

### 4. 将实例用作属性

现在你可能已经发现，在使用代码模拟实物时，给类添加的细节越来越多，文件也越来越长。在这种情况下，我们可以将类的一部分作为一个独立的类提取出来，将这个大型的类拆分成多个协同工作的小类。

当不断给军犬类添加细节时，我们可能会发现其中包含很多专门针对军犬特征的属性和方法(如军龄、军功、搜捕、警戒、巡逻等)。在这种情况下，可将这些属性和方法提取出来，放到另一个名为 M_Dog 的类中，并将一个 M_Dog 的实例用作 Military_Dog 类的一个属性。

【例3-11】将实例用作属性。

```
    class Dog():
        def __init__(self,name,colour):
            self.name = name
            self.age=0
        def get_name(self):
            print("这只小狗名叫"+self.name)
①   class M_Dog():
②       def __init__(self,s_age=2):
            self.s_age=s_age
③       def service_life (self):
            print("它已经服役"+str(self.s_age)+"年了。")
    class Military_Dog (Dog):
        def __init__(self,name,colour):
            super().__init__(name,colour)
④           self.new_age = M_Dog()
    dog3=Military_Dog('旋风','黑色')
    dog3.get_name()
⑤   dog3.new_age.service_life()
```

【说明】

在程序①行处，定义了一个名为 M_Dog 的新类，它没有继承任何类。

在程序②行处的 __init__( )方法除形参 self 外，还有另一个形参 s_age。这个形参是可选的：如果没有给它提供值，则军犬的军龄将被设置为2。

在程序③行处，将方法 service_life ( )也移到了这个类中。

在 Military_Dog 类中，我们添加了一个名为 self. new_age 的属性(程序④行处)。这行代码让 Python 创建一个新的 M_Dog 实例(由于没有指定年龄，因此默认值为2)，并将该实例存储在属性 self. new_age 中。每当方法 __init__( )被调用时，都将执行该操作。因此，现在每个 Military_Dog( )实例都包含一个自动创建的 M_Dog 实例。

在程序⑤行处，我们创建一只军犬，并将其存储在变量 dog3 中。当要描述它的军龄时，需要使用军犬的属性 new_age。这行代码让 Python 在实例 dog3 中查找属性 new_age，并对存储在该属性中的 M_Dog 实例调用 service_life( )方法。运行这段代码，会看到与之前相同的结果。

这看似做了很多额外工作，但现在，无论你给军犬添加多少属性和方法，都不会导致 Military_Dog 类的混乱。例如，我们再给 M_Dog 类添加一个方法 get_retire( )，它的作用是根据服役年限打印军犬退役的时间。为使用这个方法，我们通过军犬的属性 new_age 来调用它。

```
    class Dog( ):
        :
    class M_Dog():
        :
①       def get_retire(self):
            retire=8-self.s_age
            print("这只狗大约还有"+str(retire)+"年就退役了。")

    class Military_Dog ():
        :
```

```
dog3=Military_Dog('旋风','黑色')
dog3.get_name()
dog3.new_age.service_life()
```
② `dog3. new_age.get_retire ()`

运行上述代码，结果显示了军犬服役与退役的相关信息，如图3-6所示。

图3-6　军犬服役与退役代码运行结果

可以看出，将实例用作属性定义类，创建该类的实例将自动包含实例所表示的类信息，实现了一定程度上的自动化。

5. 程序员的境界

模拟军犬时，还需要解决一些额外的问题。例如，retire（退役）是 Military_Dog 的属性，还是 M_Dog 的属性。如果我们只描述一只军犬，那么将方法 get_retire( ) 放在 M_Dog 类中也许是合适的；但如果要描述整个军犬的服役、退役的管理，也许应该将该方法移到 Military_Dog 中。我们也可以这样做：将方法 get_retire( ) 保留在 M_Dog 类中，但向它传递一个参数，如已服役的年限。在这种情况下，方法 get_retire( ) 将根据已服役年限报告军犬何时退役。

这会让你进入程序员的另一个境界：在解决上述问题时，你已经从较高的逻辑层面（而不是语法层面）进行了考虑；你考虑的不是 Python，而是如何使用代码来表示实物。达到这种境界以后，你经常会发现，现实世界的建模方法并没有对错之分，有些方法的效率更高，但要找出效率最高的方法，需要经过大量的实践。但是无论如何，只要你编写的代码能够向你需要的方向运行，就说明你做得很好。

## 过关测试

假设某游戏项目中需要定义一个精灵对象，其所需要的属性有体重、颜色、高度、能量；具有行走、跳跃、进食能力；且在行走和跳跃时会不断损耗能量，而进食则会增加能量。请根据上述描述定义这个精灵类。

【提示】应在构造方法中初始化其属性，并在行走和跳跃的方法中对能量进行降低。

## 任务3 猫—狗大战小游戏

### 任务描述

创建游戏是趣学编程语言的理想方式,看别人玩你编写的游戏,会让你感觉很满足;而编写简单的游戏,也有助于让你明白专业游戏是怎样编写出来的。在学习了面向对象编程以后,就可以尝试编写一个猫—狗大战的小游戏了。在这个游戏中一共有两类角色:猫和狗。游戏开始后,会生成2只猫和3只狗,互相混战,猫若被狗咬了,则猫会流血;狗若被猫咬了,则狗也会流血。那么,假如你现在是一个游戏公司的开发人员,你接到这样一个猫—狗大战的游戏需求,利用面向对象的编程思维,如何实现它?

### 知识链接

#### 一、猫—狗大战游戏设计与实现

**1. 游戏中对象的描述**

在本游戏中,狗具有的主要状态(属性)有:名字、品种、生命值、攻击力等;我们看到,程序中的一只狗,实质上就是这样的一组数据。既然有数据,我们就要想办法把数据存储起来。

那么,如何存储这些数据呢?可以用列表、字典、数据库等存放。当然,也可以定义一个Dog类,然后根据这个类,创建实例。

在这里,我们用一个字典来存放一只狗。描述一只狗的字典如下:

```
def dog(name,d_type):
    data={
        "name":name,
        "d_type":d_type,
        "attack_val":30,
        "life_val":100
    }
```

同样，修改其中的属性值，就可以用同样的方法实现用一个字典来存放一只猫。描述一只猫的字典如下：

```
def cat (name,age)
    data={
        "name":name,
        "age":age,
        "life_val":100
    }
```

攻击力的值可以直接赋值，但作为一个游戏开发者，将狗的类型和它的攻击力关联起来更符合操作习惯。因此，我们设计一个存放攻击力的字典，将类型和攻击力对应起来，让程序能够根据类型自动识别攻击力。攻击力与狗的类型相关联的字典如下：

```
attack_vals={
    "京巴":30,
    "藏獒":80,
}
```

### 2. 游戏中对象之间"动"的实质

描述好了猫和狗，我们接下来要考虑的问题就是，怎样让猫和狗"动"起来。

在游戏里我们看到，猫抓狗一下，狗就会流血，生命值减少；狗咬猫一口，猫也会流血，生命值减少。但对程序设计而言，这些生命值递减及流血的画面，实际上就是对血量、生命值等变量的加、减操作。那些游动的动作，其实就是这样一组组的、不同数据之间的交互。

可见，开发一个程序或系统，首先要了解需要哪些输入数据和输出数据，中间会产生哪些数据；然后分析数据间的关系，形成数据模型（数据结构）；接着考虑数据在程序或系统中是如何传送和变换的。把焦点对准数据，这样梳理各种业务逻辑就很简单了，排查各种问题就很简单了，从而确保系统安全也就很简单了。可见，通过编程解决问题，其本质是对数据的操作。

### 3. 游戏中对象之间"动"的描述

让猫和狗的数据"动"起来，需要通过一些方法描述，即让 cat 的字典与 dog 的字典通过一些动作进行交互，这一功能可以通过函数来实现。在游戏中，猫和狗的方法：猫类具有的方法（行为）是抓，狗类具有的方法（行为）是咬。

因此，对于狗，我们在游戏中添加一个"狗咬猫"的动作，这个动作就是一个函数。狗咬猫一口，就让猫的血量减少一定值，同时，游戏画面的开发工程师可以开发一个猫的血量减少的画面；同样，再加一个"猫抓狗"的动作，猫抓狗一下，狗的血量就减少，游戏画面的开发工程师开发一个狗的血量减少的画面。这样就形成了猫和狗两个角色之间的交互。然后，我们可以根据需要创建一定数量的猫和狗，并调用这两个函数，即可实现要模拟的功能。

这里我们给出实现上述功能的源代码。

```python
attack_vals={                    #攻击力与类型关联的字典
    "京巴":30,
    "藏獒":80,
}
def dog(name,d_type):            #狗类
    data={
        "name":name,
        "d_type":d_type,
        "attack_val":30,
        "life_val":100
    }
    if d_type in attack_vals:
        data["attack_val"]=attack_vals[d_type]
    else:
        data["attack_val"]=15
    return data
def cat(name,age):               #猫类
    data={
        "name":name,
        "age":age,
        "life_val":100
    }
    if age>2:
        data["attack_val"]=50
    else:
        data["attack_val"]=30
    return data
def dog_bite(dog_obj,cat_obj):
    person_obj["life_val"] -=dog_obj["attack_val"]     # 执行咬猫动作
    print("狗[%s]咬了猫[%s]一口,猫流血[%s],还剩血量[%s]…"%(dog_obj["name"],
                                                    cat_obj["name"],
                                                    dog_obj["attack_val"],
                                                    cat_obj["life_val"]))
def beat(person_obj,dog_obj):
    dog_obj["life_val"] -= person_obj["attack_val"]    # 执行咬狗动作
    print("猫[%s]咬狗[%s]一口,狗流血[%s],还剩血量[%s]…"%(cat_obj["name"],
                                                    dog_obj["name"],
                                                    cat_obj["attack_val"],
                                                    dog_obj["life_val"]))
d1=dog("cjj1","京巴")             # 实体
d2=dog("cjj2","藏獒")
c1=cat("ye",3)
dog_bite(d1,p1)
beat(p1,d1)
```

## 二、游戏背后的道理

理解类,通过类生成实例(角色),利用函数实现角色之间的动作交互是本游戏的核心。面向对象是一种编程思想,理解面向对象,有助于你像程序员那样看世界,还可以帮助你真正明白自己编写的代码,不仅是各行代码的作用,还有各行代码背后更宏大的概念。了解类背后的概念,可以培养逻辑思维,让你能够通过编写程序解决遇到的几乎所有问题。

随着生活中面临的挑战日益严峻,类还能让你以及与你合作的其他程序员的生活更轻松。如果你与其他程序员基于同样的逻辑来编写代码,那么你们就能明白对方所做的工作,你编写的程序将能被众多合作者所理解,每个人都能事半功倍!

## 过关测试

本任务是一个模拟"猫—狗大战"的简单游戏。为了让游戏更加生动有趣,可以对游戏加以改进。例如,在游戏中加入随机函数,实现随机攻击的方式;还可以引入两个列表,存放猫的数量和狗的数量,通过判断两个列表谁先为空,来确定获胜的一方。请同学们完成改进后的代码。

_____
_____
_____
_____
_____
_____

## 拓展阅读

### 怎样选择编程语言

经常有同学问,学习哪种编程语言最好?那你首先要问问自己,在学会了编程语言之后计划做什么?

初学编程的人总想选一门最好的语言,学会了之后可以胜任一切编程相关的工作。然而,这个世界没有这样的万能语言,它们每一个都更适合应用在某一领域。

1. C

C 语言是一种面向过程的、抽象化的通用程序设计语言,广泛应用于底层开发。C 语言能以简易的方式编译、处理低级存储器。学完 C 语言以后,你不仅可以更容易理解计算机底层的一些课程,而且在未来,无论学习哪一种新的编程语言,都会更加简单。它是很多高级编程语言的基础。学会了 C 语言,你可以开发操作系统、搜索引擎、各种底层软件、各种嵌入式系统及各种同硬件相关的软件。

2. Python

Python 简洁清爽,开发效率高,十分接近自然语言。它拥有强大的第三方库,写很少的几行代码,就可以实现很多功能。Python 可以做的事情太多了,如机器学习、爬虫、自动化自测、运维、Web 开发等。

3. JavaScript

如果你觉得你手机上的页面变化很神奇,或是喜欢上了页面的一些特效,那你就可以学习 JavaScript。它主要用于前端开发(针对用户的开发),如手机上淘宝页面的轮播图、计算机浏览网站时背景星空的变化等。随着当代手机及网络的发展,它的应用范围也非常广泛。

4. Java

Java 主要用来处理面向对象的企业型的应用开发、安卓和 iOS 的应用开发、视频游戏开发、桌面 GUI 和软件开发等，市场饱和度较高。

5. PHP

PHP 可以用来制作网站，包括数据库类操作、社区、系统和管理，还可以写爬虫（数据采集）等。

如果你是计算机专业的学生，毕业后想去一些知名企业工作，那么就要对应学习不同的编程语言。例如：在华为，你需要学习 C、UNIX、Linux；在百度，你需要学习 Python、PHP；在网易，你需要学习 Python、C++；在腾讯，你需要学习 C++、PHP；在阿里巴巴，你需要学习 Java；在微软，你需要学习 C++、C#……

编程语言的实质就是一个工具。在选择编程语言时，不要因为语言而学语言，而是为了需要而学语言。

## 模块考核

### 一、单项选择题

1. 面向对象编程的优越性不包括（　　）。
   A. 封装　　　　　B. 继承　　　　　C. 包含　　　　　D. 高能性
2. 在方法定义中，访问实例属性 x 的语法格式是（　　）。
   A. x　　　　　　B. self.x　　　　C. self[x]　　　　D. self.getx( )
3. 在 Python 中，用来描述一类相同或相似事物的共同属性的是（　　）。
   A. 类　　　　　　B. 对象　　　　　C. 方法　　　　　D. 数据区
4. 构造方法的作用是（　　）。
   A. 显示对象的初始信息　　　　　　B. 初始化类
   C. 初始化对象　　　　　　　　　　D. 引用对象
5. 下面 C 类继承 A 类和 B 类的语法格式中，正确的是（　　）。
   A. class C extends A，B　　　　　B. class C(A：B)
   C. class C(A，B)　　　　　　　　 D. class C implements A，B：

### 二、填空题

1. Python 中的一切内容都可以称为_____。
2. 构造方法是类的一个特殊方法，Python 中它的名称为_____。
3. Python 类中包含一个特殊的变量_____，它表示当前对象自身，可以访问类的成员。
4. 在 Python 中定义类时，如果某个成员名称前有两个下画线，则表示_____。

### 三、简答题

1. 简述类和方法的概念。
2. 谈谈你对计算机编程语言的认识。

## 模块实训

模块3　程序设计与编程思维实训任务单

# 模块4　物联网与万物互联

模块导学

比尔·盖茨在他的著作《未来之路》一书中曾经提出"人—机—物"融合的设想。他指出，"互联网仅仅实现了计算机的联网，而没有实现万事万物的互联"，但受限于技术的发展，物联网在当时并未引起广泛关注。随着信息技术的不断发展，万物互联已经成为大势所趋。未来，人们能够想象出来的一切事物都将与互联网相联，一个支持物与物连接的平台将会出现。与此同时，我们记录世界、感知世界的方式也会发生巨大的变化。

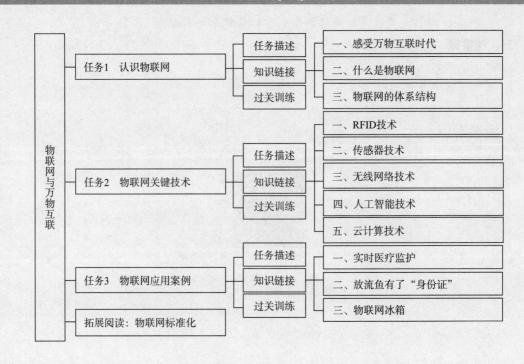

模块 4　物联网与万物互联

## 学习目标

| | |
|---|---|
| 知识目标 | 1. 掌握物联网的概念，理解万物互联的含义；<br>2. 了解物联网的构成和关键技术；<br>3. 熟悉物联网的应用领域及智能家居、智慧医疗的工作原理；<br>4. 了解物联网标准化对一个国家的战略意义。 |
| 能力目标 | 1. 能够适应物联网技术发展带来的变化；<br>2. 具备物联网设备的安装与使用能力。 |
| 素质目标 | 1. 具备自主学习、自我发展的能力；<br>2. 具备主动适应不断变化的社会发展需求的意识。 |

## 建议学时

4 学时

任务 1　认识物联网

## 任务描述

我们经常听到身边的人在讨论物联网，如国际商业机器公司（International Business Machines Corporation，IBM）的"智慧地球"、我国的"感知中国"等。那么，究竟什么是物联网？它和互联网有什么关系？物联网对我们今后的生活会产生怎样的影响？下面我们来一探究竟。

## 知识链接

### 一、感受万物互联时代

当万物互联成为现实，我们的生活会变成什么样子？

清晨，你的枕头、被子或床，以一种更加自然的方式把你从睡梦中叫醒；接下来为你开启窗帘，以及开启房间内需要开启的灯光；当你走进卫生间，将会为你调节好水温、灯光，甚至是马桶圈的温度；当梳洗完成后，你的身体的基本体验数据已通过你所使用的家居用品检测出来，如果需要进一步检查，则将会提醒你到医院进行检查。当你打开房门时，你的自动驾驶汽车已经从车库或停车位自动行驶到你的楼下，你只需要输入目的地，车载系统就会通过路面接收到的智能信号自动规划行驶路线，接下来，你可以在车上享受虚拟现实带来的生活。当你到达医院后，发现平时为你看病的医生不在，这时可以通过5G网络实现远程看病，你的检测结果能够实时传输到医生的手机中，医生会根据你的身体状况做出相应的诊断和治疗；如果是需要快速治疗的疾病，甚至需要进行手术，那么可以利用5G网络的极低时延特性来完成。如果你在北京出差，则可以通过手机控制成都的家中的电饭煲为家人煮饭……这并不是科幻电影里的场景，而是通过放置在物体内的微型传感器来实现的，这就是万物互联时代的生活。

万物互联将会为传统行业注入全新活力，它也有潜力重塑经济，并驱动主要行业的转型升级，可将其应用于制造业、金融、医疗、教育和零售等领域。

## 二、什么是物联网

物联网的概念最早于1999年由美国麻省理工学院提出，它是将各种信息传感设备，如射频识别(Radio Frequency Identification，RFID)装置、红外感应器、全球定位系统、激光扫描器等装置与互联网结合起来而形成的一个巨大网络。其目的是让所有的物品都与网络连接在一起，方便人们识别和管理。

2005年11月27日，在突尼斯举行的信息社会世界峰会上，国际电信联盟(International Telecommunication Union，ITU)发布的《ITU互联网报告2005：互联网》中正式提出了物联网的概念。简而言之，物联网就是物物相连的互联网。

2009年8月，温家宝在无锡"感知中国"的讲话，把我国物联网领域的研究和应用开发推上了高潮。

2010年，邬贺铨院士指出，物联网是互联网的应用拓展。与其说物联网是网络，不如说物联网是业务和应用。在2016国际开放物联技术与标准峰会上，他指出，窄带物联网、车联网和产业互联网等新技术将扩展物联网的应用。

那么，什么是物联网呢？物联网是指在互联网的基础上，利用RFID、无线数据通信等技术，构造一个覆盖世界上万事万物的"Internet of Things"(万物互联)。在这个网络中，物品之间能够彼此"交流"，而无须人的干预。其实质是利用RFID技术，通过计算机互联网实现物品的自动识别和信息的互联与共享。用一句话来理解物联网的定义，就是把所有物品通过信息传感设备与互联网连接起来进行信息交换，即物物相息，以实现智能化识别和管理。

## 三、物联网的体系结构

最初，物联网的体系架构主要由3个层次组成：感知层，传输层和应用层。随着大数据和云计算在物联网中的应用，目前，在物联网三层架构的基础上又增添了支撑层。物联网综合应用系统组成如图 4-1 所示。

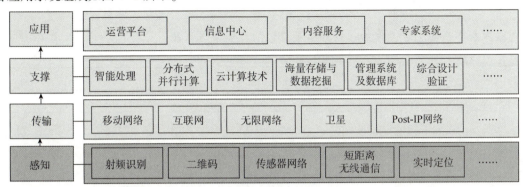

图 4-1　物联网综合应用系统组成

### 1. 感知层

感知层位于物联网体系架构的最底层，它是物联网的核心，由各种具有感知、通信、识别（或执行）能力的智能物体与感知网络构成。它的作用就像人的视觉、触觉、味觉和听觉一样，是物联网识别物体、全面感知的基础，是信息采集的关键部分。

感知层的关键技术包括：检测技术、中低速无线或有线短距离传输技术等，如传感器技术、RFID 技术、二维码技术、Zigbee 技术、蓝牙等。

### 2. 传输层

传输层也称为网络层，由互联网、私有网络、无线和有线通信网、网络管理系统和云计算平台等组成。传输层相当于人的大脑和神经中枢，主要负责传递和处理感知层获取的信息。

传输层的关键技术包括 Internet、移动通信网、无线传感器网络。

### 3. 支撑层

支撑层在整个物联网体系架构中起着承上启下的关键作用，它不仅实现了底层终端设备的"管、控、营"一体化，为上层提供应用开发和统一接口，构建了设备和业务的端到端通道，还提供了业务融合以及数据价值孵化的土壤，为提升产业整体价值奠定了基础。

支撑层由数据交换平台和云服务平台构成，是物联网综合应用系统的基础支撑。

### 4. 应用层

应用层是物联网和用户（包括个人、组织或其他系统）的接口。它与行业发展应用需求相结合，实现物联网的智能化服务应用。例如城市交通情况的分析与预测；城市资产状态监控与分析；环境状态的监控、分析与预警（如风力、雨量、滑坡）；健康状况监测与医疗方案建议等。

应用层的关键技术包括 M2M、云计算、人工智能、数据挖掘、中间件。

## 过关测试

假如给你一套房子,你如何设计属于自己的智能家居系统。

_____
_____
_____
_____
_____
_____
_____
_____

## 任务 2　物联网关键技术

### 任务描述

万物互联的时代,将更是一个万物智慧的未来。如此丰富多彩的物联网,需要哪些关键技术来支持呢?下面一起来了解实现物联网的 5 项关键技术。

### 知识链接

#### 一、RFID 技术

**1. RFID 技术简介**

RFID 技术,是物联网中"让物品开口说话"的关键技术。它通过射频信号自动识别目标对象,可快速进行物品追踪和数据交换;识别工作无须人工干预,可工作于各种恶劣环境下;操作快捷方便,是一种非接触式的自动识别技术。RFID 系统主要由电子标签、读写器、计算机控制端及天线组成,如图 4-2 所示。

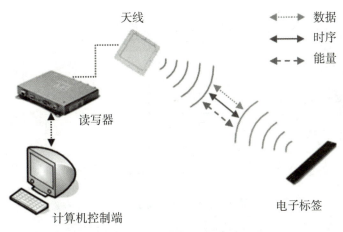

图 4-2　RFID 系统组成

### 2. RFID 的分类

RFID 的分类方式有多种，其中，按照电子标签工作频率的不同，通常可分为低频、中高频、超高频和微波标签等不同种类。

（1）低频标签

低频标签的频率一般为 30~300 kHz。低频标签一般采用普通互补金属氧化物半导体（Complementary Metal Oxide Semiconductor，CMOS）工艺，具有省电、廉价的特点，但存储数据量小，读写距离相对较短，读写天线缺乏稳定的有效方向。其典型应用有动物识别、容器识别、工具识别、电子闭锁防盗（带有内置应答器的汽车钥匙）等。

（2）中高频标签

中高频标签的频率一般为 3~30 MHz。其基本特点是标签和读写器的成本较低，标签内存储的数据量较大，读写距离较远（可达到 1 m 以上），适应性强，外形一般为卡状，读写器和标签、天线均有一定的方向性。其广泛应用于电子车票、电子身份证、电子闭锁防盗（电子遥控门锁控制器）、小区物业管理、大厦门禁系统等。

（3）超高频标签

超高频标签为软衬底，其特点是内存量进一步增大，读写距离比较远，且读写速度很快，但标签和读写器的成本很高，目前主要应用于火车车皮监视及零售系统。

（4）微波标签

微波标签一般工作于 2.45 GHz 频段，读写器的距离较远，有很高的数据传输速率，在很短的时间可以读取大量的数据。但是微波穿透力弱，不能穿透金属，标签需要与金属分开。微波标签的典型应用包括移动车辆识别及仓储物流应用等。

### 3. RFID 技术的发展趋势

RFID 技术的发展趋势主要有以下 3 个方面。

（1）食品、药品安全追溯管理需求激增

近年来，食品包装的标签消费量不断增加，RFID 技术被用于制药领域，可实现更加智能高效的管理。基于 RFID 技术的食品可追溯管理系统，可以跟踪和控制食品的整个生命周期，如图 4-3 所示。

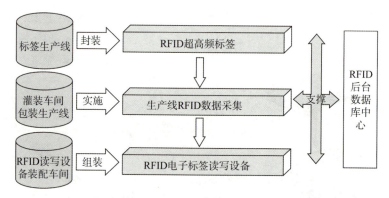

图 4-3 基于 RFID 技术的食品可追溯管理系统

(2) 电商增长迅猛,RFID 智能包装需求激增

互联网的发展使线上零售不断取代线下零售,加速了消费者消费习惯的形成。电商贸易增长迅猛,智能包装产品种类繁多,其中 RFID 智能包装是细分市场规模最大的一种,主要用于产品质量监控、货运追溯等。中国智能包装行业的快速发展,为传统包装印刷企业带来了新的发展机遇。未来,随着印刷电子产品的发展和深度融合,RFID 智能包装将为行业和企业的发展带来效益。

(3) RFID 传感器标签扩大想象边界

新的 RFID 传感器标签,将传感器功能融入标签原有的功能特性,大大提高了标签的功能和应用的灵活性。目前,RFID 传感器标签用于仓储物流、医药、农业、畜牧业、汽车、电力、交通等场景。由于传感器类型复杂,传感器标签具有丰富的场景适应性,如温度、湿度、压力、流量、照明强度等。因此,对于传感器标签来说,未来的研发方向应该是如何实现高灵敏度、高精度的传感器集成以及如何控制成本等。

## 二、传感器技术

在物联网中,传感器处于物联网综合应用系统的感知层,主要负责接收物品"讲话"的内容。传感器技术是从自然信源获取信息,并对获取的信息进行处理、交换、识别的一门多学科交叉的现代科学与工程技术。

1. 传感器的构成

传感器主要由敏感元件、转换元件及基本转换电路和辅助电路构成,如图 4-4 所示。

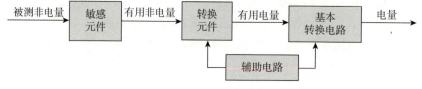

图 4-4 传感器的构成

其中,敏感元件是用来感受被测非电量的。

**注意**:敏感元件不是实现非电量到电量的转换,而只是感受被测非电量的变化,敏感元件输出的依然是非电量。

转换元件的作用是将有用非电量转换成有用电量，转换的有用电量一般只是微弱的电信号，需要后面的基本转换电路和辅助电路一起输出一个便于我们采集和处理的电量。

2. 传感器的分类

传感器的分类形式非常多，比较常用的一种分类方法是按照物理原理分类，即依据不同的物理原理研制成不同的传感器，可将传感器分为电参量式（电阻式、电感式、电容式）、磁电式、压电式、光电式、热电式、波式、射线式及半导体式传感器等；另一种分类方法是按照用途分类，即按照传感器的测量对象，可将传感器分为位移传感器、速度传感器、加速度传感器、力传感器、时间传感器、温度传感器、光传感器等。

3. 传感器的发展趋势

传感器的发展趋势主要有以下 5 个方面。

(1) 新材料的研发

传感器材料是传感技术的重要基础，绝大多数传感器都是利用某些材料的特殊功能来达到测量的目的。因此，探索已知材料的新功能或研究具有新功能的新材料，对研制新型传感器有着十分重要的意义。

(2) 微细加工技术的发展

传感器有逐渐小型化的趋势，小型化为传感器的使用带来许多方便。制造出超小型且价格便宜的传感器是一种趋势。

(3) 扩展检测范围、提高检测性能

随着测量需求的变化（如测量范围不断扩大，测量精度不断提高等），在研制传感器的时候，需要研制出检测范围更广、检测性能更高的传感器。例如，火箭燃烧室压力的测量准确度要求远远高于 0.1%，这要求传感器的性能非常优异。

(4) 传感器的集成化、功能化

集成化，是指将传感器与放大电路、运算电路、温度补偿电路制成一个组件，以便更方便地使用传感器。另外，一般情况下，一个传感器只测量一个参数，功能化则是利用一个传感器测量多个参数的多功能传感器。例如，用于成像器件的电荷耦合元件（Charge Coupled Device，CCD），将阵列化的光电探测器与扫描功能一体化，可以把光学图像转换成时序电信号。

(5) 智能化传感器的发展

智能化传感器是一种带微型计算机，兼有检测、判断、信息处理等功能的传感器。它可以确定传感器的工作状态，对数据进行修正。用软件解决硬件难以解决的问题，完成数据计算与处理工作等，这也是整个科技发展的趋势。

### 三、无线网络技术

在物联网中，物品要与人进行无障碍的交流，必然离不开高速的、可进行大批量数据传输的无线网络。无线网络既包括允许用户建立远距离无线连接的全球语音和数据网络，也包括近距离的蓝牙技术、红外技术和 Zigbee 技术。

1. LPWAN 技术

低功耗广域网（Low Power Wide Area Network，LPWAN）技术是一种无线技术，允许互联设备之间以低比特率进行远程通信。精简、简化的 LPWAN 协议降低了硬件设计的复杂性，从而降低了设备成本，其远程和星形拓扑结构降低了基础设施的成本。由于与功耗有关，所以 LPWAN 收发器设计为使用小型廉价电池运行可长达 20 年。考虑到 LPWAN 设备的低成本和低功耗，LPWAN 技术的工作范围从城市地区的几千米延伸到农村地区的 15 km 以上。

### 2. 蓝牙技术

蓝牙（Bluetooth）是一种无线数据与语音通信的开放性全球规范，它以低成本的短距离无线连接为基础，可为固定或移动的终端设备（如掌上电脑、笔记本电脑和手机等）提供廉价的接入服务。它可以为固定设备或移动设备之间的通信环境建立通用的近距无线接口，实现设备之间近距离范围内的相互通信或操作。

蓝牙由蓝牙技术联盟（Bluetooth Special Interest Group，Bluetooth SIG）管理，Bluetooth SIG 在全球拥有超过 25 000 家成员公司，它们分布在电信、计算机、网络和消费电子等多个领域。

### 3. Zigbee 技术

Zigbee 可以说是蓝牙的同族兄弟，与蓝牙相比，Zigbee 更简单、速率更慢、功率及费用也更低。它的基本速率是 250 Kb/s，当降低到 28 Kb/s 时，传输范围可扩大到 134 m，并获得更高的可靠性。另外，它可与 254 个节点连网，可以比蓝牙更好地支持游戏、消费电子、仪器和家庭自动化应用。此外，人们期望能在工业控制、传感器网络、家庭监控、安全系统和玩具等领域扩展 Zigbee 的应用。

## 四、人工智能技术

人工智能是研究用计算机来模拟人的某些思维过程和智能行为（如学习、推理、思考和规划等）的一门学科。在物联网中，人工智能技术主要将物品"讲话"的内容进行分析，从而实现计算机自动处理。

## 五、云计算技术

物联网的发展离不开云计算技术的支持。在物联网中，终端的计算和存储能力有限，云计算平台可以作为物联网的大脑，实现对海量数据的存储和计算。

 过关测试

如何应用 RFID 技术进行食品安全管理？

## 任务3 物联网应用案例

### 任务描述

物联网已经渗透到生活的各个方面,给我们的生活带来了巨大价值。下面我们一起来感受精彩物联网的3个典型案例。

### 知识链接

#### 一、实时医疗监护

以物联网技术为基础的无线传感器网络在监测人体生理数据、医院药品管理以及远程医疗等方面可以发挥出色的作用。在病人身上安置体温采集、呼吸、血压等测量传感器,医生可以远程了解病人的情况。利用传感器网络,长时间地收集病人的生理数据,这些数据在研制新药品的过程中非常有用。将传感器网络稍加产品化,便可成为一些老年人和行动不便的病人的安全助手。同时,传感器网络也可以应用到一些残障人士的康复中心,对病人的各类肢体恢复进行精确测量,从而为设计复健方案带来宝贵的参考依据。

#### 二、放流鱼有了"身份证"

如果你在无锡蠡湖边偶然看到鲢鳙鱼的背脊上有类似小天线的黄色标签时,请不要惊奇,这是物联网技术"联姻"净水渔业的尝试。2010年,无锡市农业委员会在蠡湖中流放了30万尾小鱼,和往年不同的是,今年有3 500条生长约1年的鲢鳙鱼体内被植入高科技芯片,成为探知放流效果的有效载体。

芯片用来记录鱼放流时间、放流地点、放流时的身体状况等初始信息。研究人员用计算机扫描芯片,就可以找到初始数据,以此来研究蠡湖鱼类的生存状态、环境变化对鱼的影响等。还可以通过鱼类自身重量的变化,计算出鱼吃掉的蓝藻重量,精细测量出蠡湖生态环境的改善情况。

#### 三、物联网冰箱

当你工作一天后回到家,想做一份莲子桂圆汤,走到冰箱前,查询冰箱上的显示屏时却发现，冰箱里只有红枣和莲子，却没有桂圆。没关系，这台冰箱已经通过物联网技术与全球网络相连接，它会马上访问沃尔玛的网站，那里有很多桂圆可供你选购……这就是物联网冰箱带给人们的新生活。

物联网冰箱不仅可以储存食物，还可实现冰箱与冰箱里食品的"对话"。冰箱可以获取其储存食物的数量、保质期、食物特征、产地等信息，并及时将信息反馈给消费者。它还能与超市相连，让你足不出户就能知道超市货架上的商品信息；能够根据主人取放冰箱内食物的习惯，制订合理的膳食方案。此外，它还是一个独立的娱乐中心，具有网络可视电话功能，能浏览资讯和播放视频。

## 过关测试

物联网的应用已经非常广泛，遍及军事国防、交通管理、环境保护、智能家居、能源电力、工业监测、医疗健康、公共安全、物流管理等多个领域。请结合你所学的认识，谈谈你身边的物联网应用。

_____
_____
_____
_____
_____
_____
_____

## 拓展阅读

### 物联网标准化

标准的制定是物联网发挥自身价值和优势的基础支撑，它是一个历史性挑战，又给予企业以新的历史性机会。

在物联网产品开发和应用的过程中，需要面对的问题就是物联网标准的缺失，以及全球物联网标准的不一致。当前，物联网国际标准化工作还处在起步阶段，各相关国际标准化组织围绕既有的范围开展了一些物联网标准化研究工作，包括国际标准化组织/国际电工委员会（International Organization for Standardization/International Electrotechnical Commission，ISO/IEC）、第三代合作伙伴计划（3rd Generation Partnership Project，3GPP）、国际电信联盟（ITU）、电气和电子工程师协会（Institute of Electrical and Electronics Engineers，IEEE）等。但总体来说，由于各组织既有研究领域的局限性，加之物物互联应用领域众多，各类应用特点和需求不同，特别是在物理世界信息交互和统一表征方面，当前技术解决方案无法满足共性需求，这对物联网产业的发展极为不利，所以亟须建立统一的物联网体系架构和标准技术体系。

物联网标准化经历了以下 5 个阶段。

①2006 年，全国信息技术标准化技术委员会(简称信标委)于 2006 年成立了无线传感器网络标准项目组，组织国内的大学、科研单位和企业开展了标准研究工作。

②2009 年 9 月，传感器网络标准工作组正式成立，由 PG1(国际标准化)、PG2(标准体系与系统架构)、PG3(通信与信息交换)、PG4(协同信息处理)、PG5(标识)、PG6(安全)、PG7(接口)、PG8(电力行业应用调研)共 8 个专项组构成，开展具体的国家标准的制定工作。

③2010 年 6 月，中国物联网标准联合工作组成立，包含全国 11 个部委及下属的 19 个标准工作组，旨在推进物联网技术的研究和标准的制定。

④2014 年 9 月，由我国主导提出的物联网参考体系结构标准，已经顺利通过了 ISO/IEC 的国际标准立项，这是我国在国际标准化领域的又一个突破性进展，也标志着我国开始主导物联网国际标准化工作。

⑤2016 年，我国在 oneM2M、3GPP、ITU 和 IEEE 等主要标准化组织的物联网相关领域，已经获得 30 多项物联网相关标准化组织的相关领导席位，主持相关领域的标准化工作，有力提升了我国的国际标准影响力。截至 2016 年年底，国家标准 GB/T 31866—2015《物联网标识体系 物品编码 Ecode》、GB/T 33474—2016《物联网 参考体系结构》等已经正式发布。

物联网技术有着巨大的应用前景，是继互联网之后的又一次信息化革命浪潮，甚至能够在一定程度上影响国家发展战略。因此，各个国家、各大企业都进入了物联网标准制定权争夺的行列，用"标准战争"来形容一点都不为过。这是因为，谁抢占了物联网标准制定权，谁的产品就能够占领市场，从而在物联网技术发展上占得先机。

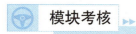

## 模块考核

### 一、单项选择题

1. RFID 按照电子标签工作频率的不同，可以分为低频、中高频、超高频与微波标签等不同类型，我国居民的第二代身份证采用的是（　　）RFID 技术。

  A. 低频　　　　　B. 中高频　　　　C. 超高频　　　　D. 微波

2. 三层结构类型的物联网不包括(　　)。

  A. 感知层　　　　B. 传输层　　　　C. 支撑层　　　　D. 应用层

3. RFID 属于物联网的（　　）。

  A. 感知层　　　　B. 传输层　　　　C. 支撑层　　　　D. 应用层

4. 物联网的简写是（　　）。

  A. H2T　　　　　B. T2T　　　　　C. IoT　　　　　D. H2H

5. (　　) 技术是一种新兴的近距离、低复杂度、低功耗、低传输率、低成本的无线通信技术，是目前组建无线传感器网络的首选技术之一。

  A. Zigbee　　　　B. Bluetooth　　　C. WLAN　　　　D. WMEN

### 二、填空题

1. 物联网的体系架构主要由 4 个层次组成：_____、_____、_____ 和_____。

2. RFID 是一种_____ 技术。

3. 物联网，即_____ 相连的互联网。

### 三、简答题

1. 举例说明我们身边的传感器(3 项以上)。

2. 为什么物联网具有智能性？

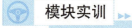

模块4　物联网与万物互联实训任务单

# 模块5  5G 与快速通信

5G(5th-Generation)，即第五代移动通信技术。

提到 5G，人们首先想到的是"快"。1G 实现了移动通话；2G 实现了短信发送；3G 带来了基于图片的移动互联网；而 4G 则推动了移动视频的发展。那么 5G 呢？

5G 相对于 4G 有着更高速度、覆盖面广泛、低功耗、低延迟及万物互联等优势，尤其是万物互联的特点，更方便了人们的生产和生活。迈入智能时代，除手机，计算机等上网设备需要使用网络以外，智能家电设备、可穿戴设备、共享汽车等更多不同类型的设备以及电灯等公共设施均需要联网，它们在联网之后就可以实现智能化的相关功能，而 5G 的互联性也让这些设备成为智能设备变成可能。5G 不仅是下一代移动通信技术，也是一种全新的网络科技，推动"万物互联"迈向"万物智能"的"智能+"时代。

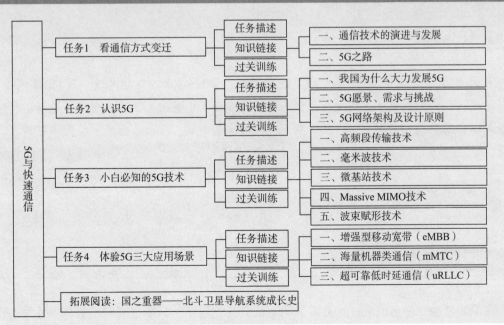

## 学习目标

**知识目标**
1. 了解移动通信技术的演进与发展历程，理解5G的概念与特点；
2. 掌握5G愿景、需求与挑战，了解5G网络架构的设计原则及意义；
3. 掌握5G高频段传输、毫米波、微基站、Massive MIMO、波束赋形等相关技术原理；
4. 了解5G的三大应用场景。

**能力目标**
1. 具有5G关键技术的认知能力；
2. 具有各行业对网络差异化需求的认知能力。

**素质目标**
1. 树立5G+行业融合赋能理念；
2. 具备5G网络信息甄别能力、网络道德、网络法律知识与安全素养。

## 建议学时

4学时

## 任务1 看通信方式变迁

### 任务描述

从最初的"见字如见面"，到今天的视频通话；从"惜字如金"的电报，到"无限畅聊"的智能手机……人们的通信方式发生了翻天覆地的变化。电报、电话、寻呼机、手提电话智能手机等通信工具的不断演变，彻底改变了人们的生活方式。下面，我们一起回顾通信方式的演变。

### 知识链接

### 一、通信技术的演进与发展

在原始社会，部落成员进行狩猎活动时就会互相通信，只不过当时的通信基本靠"吼"。

随着历史车轮缓缓向前，人类社会组织不断扩大，出现了城邦和国家，通信技术也随之不断演进，很多新颖的通信方式和通信工具也随之出现。例如，烽火旗语、击鼓鸣金、驿站书信等。这些通信手段虽然落后，但是它加强了社会组织之间的联系，也促进了人与人之间的情感交流，极大地推进了人类文明的进步。

19世纪，随着第二次工业革命的爆发，人类逐渐进入电气化时代，通信技术也迎来跨越式的发展。1837年，美国人塞缪尔·摩尔斯发明了摩尔斯电码和有线电报，如图5-1所示。电报的发明具有划时代的意义，它让人类获得了一种全新的信息传递方式。1839年，全球首条真正投入运营的电报线路在英国建成，这条线路长约20 km，由查尔斯·惠斯通和威廉·库尔发明；1876年，美国人亚历山大·贝尔申请了电话专利，成为电话之父。虽然真正的电话之父应该是安东尼奥·穆齐，但由于当时的穆齐一贫如洗，没有申请专利的钱，所以被贝尔"捡漏"。

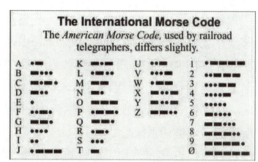

图 5-1　电报机与摩尔斯电码

19世纪末，随着迈克尔·法拉第、詹姆斯·克拉克·麦克斯韦、海因里希·鲁道夫·赫兹等传奇人物的不断接力，电磁理论的大厦终于奠定基础，人类也打开了新世界的大门。1896年，意大利人伽利尔摩·马可尼和俄国人波波夫几乎同时实现了人类首次无线电电报通信，他们的壮举宣告人类进入了无线通信时代。

进入20世纪之后，无线电报技术继续缓慢向前发展，并逐渐衍生出了广播等无线通信的应用。1906年12月24日，美国匹兹堡大学教授费森登通过马萨诸塞州一座128 m高的无线电塔，成功进行了人类历史上第一次正式的无线电广播。后来，无线通信还被应用于警方巡逻等公共安全领域。然而，由于电子技术成熟度和材料工艺等方面的限制，无线通信技术在很长一段时间里发展缓慢，通信距离、安全性、容量和稳定性等问题始终无法得到有效解决。

第二次世界大战期间，美国军方意识到战场上无线通信的重要性，牵头发明了世界上第一台无线步话机SCR-194，后来，摩托罗拉公司参与了这个项目，研发了后续型号SCR-300和SCR-536，成为那个时代的战场标志。军用步话机是无线通信的一次重大创新，它的出现让人们开始憧憬无线双向通信能够带来的美好生活。无线步话机如图5-2所示。

图 5-2　无线步话机

1946 年，美国 AT&T 公司将无线收发机与公共交换电话网相连，正式推出了面向民用的移动车载电话服务（Mobile Telephone Service，MTS）。更准确地说，是车载半双工手动对讲机。在 MTS 中，如果用户想要拨打电话，则必须先手动搜索一个未使用的无线频道，然后与运营商接线员进行通话，请求对方通过公共交换电话网络（Public Switched Telephone Network，PSTN）进行二次接续。尽管 MTS 现在看来非常另类，但它确实是有史以来人类第一套商用移动电话系统。

1947—1949 年，发生了两件重要事件，为后来通信技术的飞速发展奠定了基础。

第一件是半导体晶体管的发明。1947 年，来自贝尔实验室的威廉·肖克利、约翰·巴丁和沃尔特·布拉顿，共同发明了世界上第一个半导体晶体管。晶体管的发明，开启了集成电路时代，电子元器件的体积和性能开始朝着摩尔定律的方向发展。

第二件是信息论的提出。1948—1949，在贝尔实验室工作的美国数学家克劳德·埃尔伍德·香农先后发表了两篇划时代的经典论文：《通信的数学原理》和《噪声下的通信》。在这两篇论文中，香农详细且系统地论述了信息的定义：怎样数量化信息，怎样更好地对信息进行编码。香农同时还提出了信息熵和香农公式，用于衡量消息的不确定性，阐述影响信道容量的相关因素。这两篇论文宣告了信息论的诞生，也为后续信息和通信技术的发展打下了坚实的理论基础。正因为香农的杰出贡献，所以他被称为"信息论之父"，是通信行业公认的"祖师爷"。

半导体晶体管和信息论的出现，彻底改变了人类社会的发展进程，对于通信技术来说，它们加速了第二次技术飞跃的"蓄力"过程，为移动通信大跨越奠定了基础。

进入 20 世纪 50 年代，陆续有更多的国家开始建设车载电话网络。例如，1952 年，联邦德国推出 A-Netz；1961 年，苏联工程师列昂尼德·库普里亚诺维奇发明一种新型移动电话，该电话同样是安装在汽车上使用的；后来，苏联推出了 Altai 汽车电话系统，该系统覆盖了本国 30 多个城市；1969 年，美国推出了改进型的 MTS（Improved MTS，IMTS）。IMTS 支持全双工、自动拨号和自动频道搜索，初期可以提供 11 个频道（后来增加为 12 个），相比 MTS 有了质的飞跃；1971 年，芬兰推出了公共移动电话网络 ARP（Auto Radio Puhelin），Puhelin 是芬兰语电话的意思，其工作在 150 MHz 频段，仍然是手动切换，主要为汽车电话服务。

无论是 Altai，还是 IMTS 或 ARP，后来都被称为"0G"或"Pre-1G"（准 1G）移动通信技术。很快在半导体技术和计算机技术的共同刺激下，人类迎来了民用通信技术的大爆发。

## 二、5G 之路

### 1. 1G：手提电话时代

1973 年，摩托罗拉公司的工程师马丁·库珀（Martin Cooper）和约翰·米切尔（John F. Mitchell）终于书写了历史，发明了世界上第一款真正意义上的手机（手持式个人移动电话），这款手机被命名为 DynaTAC（Dynamic Adaptive Total Area Coverage），高度为 22 cm，重量为 1.28 kg，可以持续通话 20 min，拥有一根醒目的天线。

1974 年，美国联邦通信委员会（Federal Communications Commission，FCC）批准了部分无线电频谱用于蜂窝网络的试验。然而，试验一直拖到 1977 年才正式开始。当时参与试验的是 AT&T 公司和摩托罗拉公司。AT&T 公司在 1964 年被美国国会"剥夺"了卫星通信商业使用权。无奈之下，其在贝尔实验室组建了移动通信部门，寻找新的机会。1964—1974 年，贝尔实验室开发了一种大容量移动式电话通信系统（High Capacity Mobile Telecommunications System，HCMTS）的模拟系统，由于当时并没有无线移动系统的标准化组织，所以 AT&T 公司就给 HCMTS 制定了自己的标准。后来，美国电子工业协会（Electronic Industries Association，EIA）将这个系统命名为暂定标准 3（Interim Standard 3，IS-3）。1976 年，HCMTS 换了一个新名称——先进移动电话系统（Advanced Mobile Phone System，AMPS）。AT&T 公司采用 AMPS 技术，在美国芝加哥和纽瓦克进行 FCC 的试验。

摩托罗拉公司在 1943 年就发明了无线电公共载波（Radio Common Carrier，RCC）技术，所以其一直极力反对 FCC 给蜂窝通信发放频谱，以免影响自己的 RCC 市场。但与此同时，摩托罗拉公司也在拼命研发蜂窝通信技术，进行技术储备，这才有了前面 DynaTAC 的诞生。FCC 发放频谱后，摩托罗拉公司基于 DynaTAC 在华盛顿进行试验。但就在其进行试验的时候，其他国家已经捷足先登了。

1979 年，日本电报电话公司（Nippon Telegraph and Telephone，NTT）在东京大都会地区推出了世界首个商用自动化蜂窝通信系统。这个系统后来被认为是全球第一个 1G 商用网络。1981 年，北欧国家挪威和瑞典建立了欧洲首个 1G 移动网络——北欧移动电话（Nordic Mobile Telephones，NMT）。不久后，丹麦和芬兰也引入了 NMT。NMT 成为全球第一个具有国际漫游功能的移动电话网络。再后来，沙特阿拉伯、苏联和其他一些亚洲国家也引入了 NMT。

1983 年，后知后觉的美国终于想起来要做自己的 1G 商用网络。

1983 年 9 月，摩托罗拉公司发布了全球第一部商用手机——DynaTAC 8000X，其重量为 1 kg，可以持续通话 30 min，充满电需要 10 h，售价却高达 3 995 美元。

1983 年 10 月 13 日，Americitech 移动通信公司（来自 AT&T 公司）基于 AMPS 技术，在芝加哥推出了全美第一个 1G 网络。这个网络既可以使用车载电话，也可以使用 DynaTAC 8000X。

商用第一年，Americitech 卖出了大约 1 200 部 DynaTAC 8000X 手机，累积了 20 万用户；5 年后，用户数变成 200 万。迅猛增长的用户数量远远超过了 AMPS 网络的承受能力。后来，为了提升容量，摩托罗拉公司推出了窄带版 AMPS(Narrowbasd AMPS)技术，即 NAMPS。

除 NMT 和 AMPS 之外，另一个被广泛应用的 1G 标准是全接入通信系统(Total Access Communication Systems，TACS)，TACS 首发于英国，主要是由摩托罗拉公司开发出来的。实际上是 AMPS 的修改版本，两者之间除了频段、频道间隔、频偏和信令速率不同，其他完全一致。和北欧的 NMT 相比，TACS 的性能特点有明显的区别。NMT 适合人口稀少的农村环境，采用的是 450 MHz(后来改成 800 MHz)的频率，小区范围更大；而 TACS 的优势是容量，而非覆盖距离。TACS 发射机功率较小，适合人口密度高、城市面积大的国家。随着用户数量的增加，TACS 后来补充了一些频段(10 MHz)，变成 ETACS(Extended TACS)。NTT 在 TACS 基础上，研制出了日本无线电公共载波系统(Japan TACS，JTACS)。

值得一提的是，1987 年，中国在广州建设的第一个移动通信基站，采用的就是 TACS 技术，合作厂商是摩托罗拉公司。

除 AMPS、TACS 和 NMT 之外，1G 技术还包括德国的 C-Netz、法国的 Radiocom 2000 和意大利的 RTMI 等。这些百花齐放的技术宣告了移动通信时代的到来。虽然，1G 技术在很多国家开花结果，但事实上，它并不是一个成熟可靠的技术，主要是因为它采用的是模拟信号技术，这种技术导致通信系统的保密性差、容量低、通话质量差、信号不稳定等一系列问题。

### 2. 2G：数字电话时代

20 世纪 80 年代后期，随着大规模集成电路、微处理器与数字信号处理技术的进一步发展和成熟，人们开始研究将数字技术引进到通信系统中，很快，我们迎来了 2G。

1982 年，欧洲邮电管理委员会成立了移动专家组负责通信标准的研究。后来改为"全球移动通信系统"(Global System for Mobile Communications，GSM)，也就是大名鼎鼎的 GSM。GSM 成立的宗旨，是要建立一个新的泛欧标准，开发泛欧公共陆地移动通信系统。他们提出了高效利用频谱、低成本系统、手持终端和全球漫游等要求。随后几年，欧洲电信标准组织(European Telecommunications Standards Institute，ETSI)完成了 GSM 900 和 GSM 1800 的规范制定。

1991 年，芬兰的 Radiolinja 公司在 GSM 标准的基础上推出了全球首个 2G 网络。此后，全球多个国家和地区都基于 GSM 技术建立起自己的 2G 移动通信网络。2G 采用数字技术取代 1G 的模拟技术，通话质量和系统稳定性大幅提升，更加安全可靠，设备能耗也大幅下降。除 GSM 之外，另一个广为人知的 2G 标准就是美国高通公司(后简称高通)推出的码分多址(Code Division Multiple Access，CDMA)，准确来说，是 IS-95 或 CDMAOne。

CDMA 所基于的扩频技术其实在二战时期就已经出现了。当时，好莱坞女星海蒂·拉玛和钢琴师乔治·安泰尔合作，发明并申请了扩频通信的专利，海蒂·拉玛也被后人称为"CDMA 之母"。

但是，扩频通信在当时并没有引起美国官方的重视，只是在二战之后的冷战期间被用于军用保密通信。20 世纪 80 年代，高通发现了扩频通信的商业价值，并在此基础上发明了 CDMA 通信技术。1991 年，高通正式开展了 CDMA 系统的现场试验；1993 年，CDMA 被作为美国数字蜂窝移动通信标准 IS-95A；1995 年，CDMA 系统在中国香港地区、韩国首先入网使用，然后在美国等国家和地区进行推广。此时全球移动通信领域就形成了 GSM 和 CDMA 全面竞争的局面。GSM 的核心是时分多址（Time Division Multiple Access，TDMA）技术；CDMA 的核心是码分多址技术。从技术层面上来说，CDMA 比 GSM 更优秀，它的容量更大、抗干扰性更好、安全性更高，但 CDMA 起步较晚，GSM 已经在全球占领了大部分市场份额，再加上使用高通 CDMA 需要缴纳巨额的专利授权费，因此，虽然二者同属 2G 标准，但 CDMA 的影响力和市场规模与 GSM 无法相提并论。

1993 年 9 月，我国在浙江嘉兴正式开通了国内第一套移动通信系统，采用的就是 GSM 技术。

除 GSM 和 CDMA 之外，2G 还包括其他几种技术标准：美国蜂窝电话工业协会（Cellular Telephone Industries Association，CTIA）基于 AMPS 技术做出了一个数字版的 AMPS，称为 Digit-AMPS（D-AMPS）；1990 年，日本推出的倒车雷达（Personal Digital Cellular，PDC）也属于 2G 标准。

20 世纪末，随着互联网的大爆发，人们对移动上网提出了强烈的需求。于是，通用分组无线业务（General Packet Radio Service，GPRS）开始出现。我们可以把 GPRS 看作 GSM 的一个"插件"。在 GPRS 的帮助下，网络可以提供最高 114 Kbit/s 的数据业务速率。GPRS 最早在 1993 年被提出，1997 年出台了第一阶段的协议。它的出现是蜂窝通信历史的一个转折点，因为它意味着数据业务开始崛起，成为移动通信的主要发展方向。

GPRS 技术推出之后，电信运营商还研制出了速率更快的技术，即增强型数据速率 GSM 演进技术（Enhanced Data-rates for GSM Evolution，EDGE）。EDGE 最大的特点就是在不替换设备的情况下，可以提供两倍于 GPRS 的数据业务速率，因此得到了部分运营商的青睐。世界上首个 EDGE 网络是美国 AT&T 公司于 2003 年在自家的 GSM 网络上部署的。

**3. 3G：移动多媒体时代**

1996 年，欧洲成立通用移动通信系统（Universal Mobile Telecommunications System，UMTS）论坛，专注于协调欧洲 3G 的标准研究。以诺基亚、爱立信、阿尔卡特为代表的欧洲阵营，清楚地认识到 CDMA 的优势，于是开发出了与其原理相类似的 WCDMA（Wide CDMA）系统。之所以称为 WCDMA，是因为它的信道带宽达到 5 MHz，比 CDMA2000 的 1.25 MHz 更宽。为了能够和美国抗衡，欧洲 ETSI 还联合日本、中国等共同成立了第三代合作伙伴计划（3GPP），合作制定全球第三代移动通信标准。而北美阵营内部意见存在分歧，以朗讯、北电为代表的企业支持 WCDMA 和 3GPP；而以高通为代表的另一部分势力联合韩国，组成了 3GPP2 组织，与 3GPP 抗衡。他们推出的标准是基于 CDMA 1X（IS-95）发展起来的 CDMA2000 标准。CDMA2000 虽然是 3G 标准，但一开始的峰值速率并不高，只有 153 Kb/s。后来，通过演进到 EVDO（EVolution Data Optimized），数据速率有了明显的提升，可以提供高达 14.7 Mb/s 的峰值下载速率和 5.4 Mb/s 的峰值上传速率。

中国在这一时期也推出了自己的 3G 标准候选方案（也就是大家熟知的 TD-SCDMA）共同参与国际竞争。经过激烈的角逐和博弈，最终，ITU 确认了全球 3G 的三大标准，分别是欧洲主导的 WCDMA、美国主导的 CDMA2000 和中国的 TD-SCDMA。在 3G 商用进度方面，走在前面的又是日本的 NTT。

1998 年 10 月 1 日，NTT Docomo 在日本推出了世界上第一个商用 3G 网络（基于 WCDMA）。在 UMTS 的基础上，ETSI 和 3GPP 又开发出了 HSPA（High Speed Packet Access，高速分组接入）、HSPA+、dual-carrier HSPA+（双载波 HSPA+）以及 HSPA+ Evolution（演进型 HSPA+）。这些网络技术的速率明显超过传统 3G，人们将其称为 3.75G。

虽然 3G 标准被很快确定下来，但是并没有得到大规模的应用和建设。究其原因体现在两个方面：一方面是因为 2000 年左右的全球金融危机，互联网泡沫破碎，很多 IT 和通信企业元气大伤，要么倒闭，要么裁员，无力进行 3G 的建设；另一方面是因为当时用户对 3G 的需求并不强烈。那时候，普通用户使用的手机基本上以功能机为主，功能机基本上不需要那么高的网速。2007 年，乔布斯带领苹果公司成功推出了 iPhone 智能手机，打破了僵局，如图 5-3 所示。

iPhone 拥有高清触摸屏，还有应用商店（App Store），让所有手机用户耳目一新。谷歌公司紧随其后推出安卓操作系统，进一步刺激了智能手机的普及。智能手机需要更高的网速，于是 3G 开始走出低谷，成为各国运营商争相建设的"香饽饽"。

智能手机+3G 网络开启了移动互联时代，我们的生活开始随之发生巨变。智能手机的发展实在太快，没过多久，人们就发现，即便是 3G，也不足以满足网速需求。于是，4G 标准的制定也就被提上了议事日程。

图 5-3　iPhone 智能手机

#### 4. 4G：高速上网时代

众所周知，全球使用的 4G 基本上都是长期演进（Long Term Evolution，LTE）技术，但是 LTE 成为 4G 全球标准的过程并不是一帆风顺的。

1999 年，IEEE 成立了一个工作组，专门研究无线城域网标准。2001 年，IEEE802.16 的第一个版本正式发布，后来发展为 IEEE802.16m，也就是后来广为人知的全球微波互联接入（World Interoperability for Microwave Access，WiMAX）。WiMAX 引入了多天线（Multiple Input Multiple Output，MIMO）、正交频分复用（Orthogonal Frequency Division Multiplexing，OFDM）等先进技术，下载速率得到极大提升，给 3GPP 带来了很大的压力。于是，2008 年，3GPP 在 UMTS 的基础上提出了长期演进技术，作为 3.9G 技术标准。2009 年 12 月 14 日，全球首个面向公众的 LTE 服务网络在瑞典首都斯德哥尔摩和挪威首都奥斯陆开通。2022 年，3GPP 又提出了长期演进技术升级版（LTE-Advanced，LTE-A）作为 4G 技术标准。无论是 LTE 还是 LTE-A，都采用了 MIMO 和 OFDM 技术。

就在 3GPP 大力发展 LTE 的同时，以高通为首的 3GPP2 也在发展着。2007 年，高通提出了超移动宽带系统（Ultra-Mobile Broaaband，UMB）计划，作为 CDMA2000 的下一代演进。但是，因为高通在 3G 时期的专利太过昂贵，所以 UMB 并没有得到许多企业的支持，大部分运营商和设备商都投入 3GPP 的 LTE 阵营。后来，因为 UMB 无人问津，所以高通停止了这个项目，自己也加入了 3 GPP。前面提到的挑战者 WiMAX，后来也因为产业链和兼容性等原因，发展过程遭受了巨大的挫折，最终整个阵营分崩离析。经过激烈的角逐，LTE 笑到了最后，成为全世界最主流的 4G 移动通信标准。

5. 5G：万物互联时代

2020 年 7 月 3 日，3GPP 宣布 R16 标准冻结，这标志着 5G 第一个演进版本标准完成。与此同时，全球 5G 网络正在进入一个高速建设的阶段，我们正在加速迈入万物互联的 5G 社会。

回顾百年历史，5G 之路是一个漫长而曲折的过程。不积跬步无以至千里，所有这些成果和进步都是无数通信人一点一滴努力奋斗换来的。如今，我们处于一个通信极为便利的时代，移动互联彻底改变了我们每一个人的生活，也极大地推动着整个社会的发展和进步。接下来，通信又将走向何方？万众期待的 5G 能否延续通信的荣耀和辉煌？我们每个人都是新历史的见证者。

## 过关测试

提到"通信技术"，不得不提到中国移动通信。中国移动从跟随与博弈，到弯道超车，经历了"1G 空白，2G 跟随，3G 突破，4G 并跑，5G 引领"的跨越式发展阶段。请查阅资料，了解中国移动通信的逆袭之路。

_____
_____
_____
_____
_____
_____

任务 2　认识 5G

## 任务描述

20 世纪 90 年代，歌曲《春天的故事》红遍大江南北："1979 年，那是一个春天，有一位老人在中国的南海边画了一个圈……"1984 年，又是一个春天，这位老人在视察深圳后明确提出："先把交通、通信搞起来，这是经济发展的起点"。如老人所想，如老人所愿，中国移动通信的滚滚浪潮席卷而来，中国移动通信自此发生了翻天覆地的变化。

那么，什么是 5G？5G 到底意味着什么？我们为什么要以举国之力发展 5G 呢？

知识链接

## 一、我国为什么大力发展5G

目前,中国是全球5G网络规模最大、用户数量最多的国家,这都归功于中国投入了几千亿资金来建设5G网络。但是,5G商用至今并没有像4G那样诞生革命性的应用,中国为什么还要以举国之力发展5G呢?

举个例子,高通公司!你可能从来没有使用过它的产品,但你却要经常给它付费,因为几乎全世界生产的手机都绕不开它的一个专利技术——CDMA。

相信大家都经历过,手机在较偏远地方时,网络会由4G变成3G,或者更差的情况。而使用了CDMA的手机能同时使用1G~4G网络。如果没有这个技术,当你所在的区域没有被5G所覆盖时,你的手机就会完全没有信号。而高通公司从每一台我们的国产手机中抽取3%的利润。2017年国产4G手机出货量4.62亿部,按照平均一部2 000元计算,就从中盈利了至少300亿元。如果说,移动网络是一条高速公路,那么所有在移动网络上的技术专利就是一座座的收费站。

从1G到4G通信技术都是由西方国家主导,5G虽然不是由中国首个提出,但是我们成功实现了弯道超车,掌握了5G的核心技术、主导了整个5G产业。并且,5G的技术标准也掌握在中国手中。也就是说,其他国家要想使用5G技术,就得使用中国标准!这就象征了中国在通信领域,第一次站上了世界的主导地位。因此,无论是为了抢占发展先机,还是为了摆脱外国技术专利的牵制,我国的5G技术发展刻不容缓!

那么,为什么很多人觉得5G无用呢?那是因为当初的4G年代,中国只是追随者。很多应用场景,我们只要学习那些发达国家即可。但是,现在中国成为引领者,我们没有参照物,所有的东西需要我们自己探索。虽然前路茫茫,但只要坚持走下去,就一定能够找到属于我们自己的道路!就像当年美国提出信息高速公路的时候,谁又能预料到,微软、苹果会成为世界泰斗,谷歌几乎收纳整个地球的信息呢?

回想我国的这条"高速公路",从1G一步步拓宽到4G所实现的一切美好;再来想象5G的宽度或许可以容纳万物互联,这之后又将诞生怎样的巨头与文明?而当你知道这一次我们不再是跟随,更不是追赶,而是引领的时候,是不是会油然生出骄傲之感呢!

## 二、5G愿景、需求与挑战

### 1. 5G愿景

"信息随心至、万物触手及",这是5G为人类社会描绘的美好愿景。总体来讲,5G网络将构建以用户为中心的全方位信息生态系统,最终实现任何人和物在任何时间、任何地点,可以与任何人和物实现信息共享的目标。图5-4描述了未来5G的总体愿景。可以看出,未来移动互联网主要面向以人为主体的通信,注重提供更好的用户体验,进一步改变人类社会的信息交互方式,为用户提供增强现实、虚拟现实、超高清视频、云端办公、休闲娱乐等更加身临其境的极致业务体验;而物联网则进一步扩大了移动通信的服务范围,从人与人之间的通信,延伸到物与物、人与物之间的智能互联,促使移动通信渗透到工业、农业、医疗、教育、交通、金融、能源、智能家居、环境监测等领域。未来,物联网在各类不同行业领域进一步推广应用,将会促使各种具备差异化特征的物联网业务应用爆发式增长,将有数百亿台物联网设备接入网络,真正实现"万物互联"。

图 5-4　未来 5G 的总体愿景

2. 5G 需求与挑战

研究和部署 5G 移动通信网络,首先需要明确 5G 的需求是什么。为了保证未来人们在各种应用场景,如体育场、露天集会、演唱会等超密集场景,以及高铁、快速路、地铁等高速移动环境下获得一致的业务体验,5G 在对上、下行传输速率和时延有更高要求的同时,还面临着超高用户密度和超快移动速度带来的挑战。而且,为了更好地支持物联网业务的推广,5G 需要解决海量终端连接以及满足各类业务的差异化需求(低时延、低能耗、低成本、高可靠等)。5G 需求参数如表 5-1 所示。

表 5-1　5G 需求参数

| 5G 指标 | 网络连接需求 |
|---|---|
| 数据速率 | ①总数据速率或区域容量:至少是 4G 的 1 000 倍;<br>②边缘速率或 5% 速率:至少是 4G 的 100 倍,即用户体验速率为 0.1~1 Gb/s,足以满足高清视频流的传输服务要求;<br>③峰值速率:网络能提供的最大数据速率为数十吉比特每秒。 |
| 传输时延 | 4G 系统的往返时延是 15 ms(子帧时长 1 ms,含数据、资源分配和接入控制等开销),该时延能满足目前大多数业务的传输要求,但 5G 系统支持的业务包括互动游戏、新的触屏业务、虚拟现实(Google 眼镜、穿戴式计算机)、D2D 等,要求往返时延是 1 ms。为此,需要减小子帧时长,并改进相关协议和核心网架构 |

续表

| 5G 指标 | 网络连接需求 |
| --- | --- |
| 资源效率 | ①频谱效率：提高 5～10 倍；<br>②能量效率：提高 100 倍；<br>③成本价格：下降 100 倍 |
| 其他支持能力 | ①支持不同类型大量终端设备的并发接入；<br>②支持 1 000 000/km² 的连接数密度；<br>③10～100 Tb/s/km² 的流量密度；<br>④500 km/h 以上的移动性 |

5G 将是以人为中心的通信和机器类通信共存的时代，各种各样具备差异化特征的业务应用将同时存在，这些都对未来 5G 网络的发展带来极大挑战。

### 三、5G 网络架构及设计原则

对于 5G 整个产业链，可以将其简单分为上游、中游和下游 3 个方面，如图 5-5 所示。

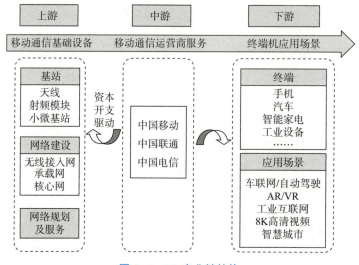

图 5-5　5G 产业链结构

上游主要是基站升级(含基站射频、基带芯片)，中游是网络建设(网络规划设计公司、网络优化/维护公司)，下游由产品应用及终端产品应用场景构成(云计算、车联网、物联网、VR/AR)。上、中、下游里面又可以包括器件原材料、基站天线、小微基站、通信、网络设备、光纤光缆、光模块、系统集成与服务商、运营商等各细分产业链。

#### 1. 5G 网络架构

5G 网络架构大致分为无线接入网、承载网和核心网 3 个部分，如图 5-6 所示。下面主要介绍前两个部分。

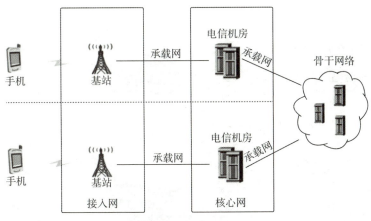

图 5-6  5G 网络架构

(1) 无线接入网

在 5G 网络中，无线接入网（Radio Access Network，RAN）不再是由基带处理单元（Base Band Unit，BBU）、射频拉远单元（Remote Radio Unit，RRU）和天线组成，而是被重构为集中单元（Centralized Unit，CU）、分布单元（Distribute Unit，DU）和有源天线单元（Active Antenna Unit，AAU）3 个功能实体，如 5-7 所示。

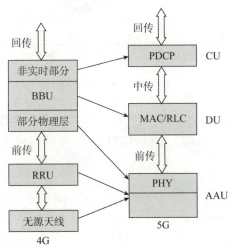

图 5-7  无线接入网

其中，CU 是将原 BBU 的非实时部分分割出来，重新定义为 CU，负责处理非实时协议和服务；AAU 是将 BBU 的部分物理层的处理功能与原 RRU 及无源天线合并。简单来说，AAU=RRU+天线；BBU 的剩余功能重新定义为 DU，负责处理物理层协议和实时服务。

之所以要对 BBU 进行功能拆分及核心网部分下沉，是为了满足 5G 不同场景的需要，如图 5-8 所示。

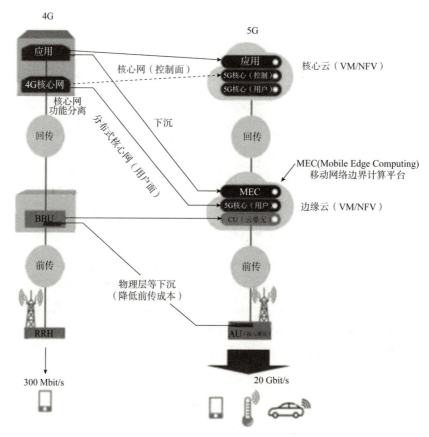

图 5-8 BBU 功能拆分

依据 5G 提出的标准，CU、DU、AAU 可以采取分离或合设的方式，所以会出现多种网络部署形态，如图 5-9 所示。回传、中传及前传，是不同实体之间的连接，所列网络部署形态依次如下。

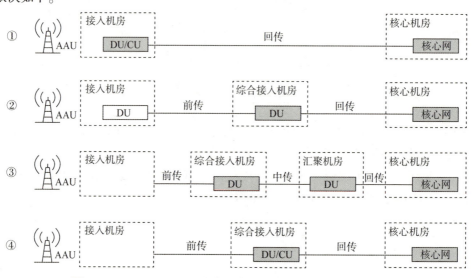

图 5-9 CU、DU、AAU 分离或合设方式下的多种网络部署形态

① 与传统 4G 宏站一致，DU 与 CU 共硬件部署，构成 BBU。
② DU 部署在 4G BBU 机房，CU 集中部署。
③ DU 集中部署，CU 更高层次集中。
④ CU 与 DU 共站集中部署，类似 4G 的 C-RAN(Cloud-Radio Access Network)方式。

这些部署方式的选择，需要同时综合考虑多种因素，包括业务的传输需求(如带宽，时延等因素)、建设成本投入、维护难度等。例如，如果是车联网这种低时延要求场景，那么就要将 DU 往前放(靠近 AAU 部署)，这样，边缘计算技术(Mobile Edge Computing，MEC)和边缘云就会派上用场。

(2) 承载网

承载网是基础资源，其作用是把网元的数据传到另外一个网元上，必须先于无线网部署到位。前面无线接入网中提到的前传、回传等概念指的就是承载网。

2. 5G 网络架构的设计原则

随着网络虚拟化、云计算、网络切片、边缘计算和人工智能为代表的一系列通信演进技术走向成熟，为设计全新的核心网提供了必要的技术驱动力。5G 网络架构的设计需要遵循以下基本原则，如图 5-10 所示。

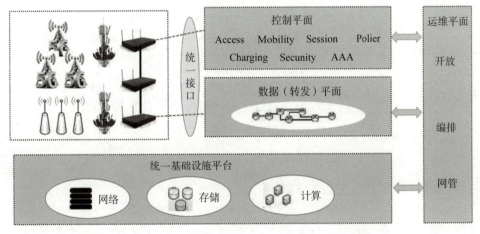

图 5-10　5G 网络架构

(1) 功能模块化

5G 的网络架构必须足够灵活，可以根据不同业务场景进行按需定制，因此模块化的设计方式是最合理的选择。功能模块化主要是将传统的网元进行功能解耦。例如，移动性管理功能和会话管理功能，保证功能的独立维护和演进。

(2) 接口服务化

在功能模块化的基础上，定义功能的服务化接口。接口服务化，使一个服务允许被多个消费者重用，从而减少标准制定、开发和维护的工作量。

(3) 控制和转发分离

控制面和转发面分离，使二者可以独立部署、升级和演进。控制面更适合集中部署和集中维护，从而提高效率；转发面更适合分布式部署，从而降低时延和提高带宽。

(4) 接入无关

核心网是一个统一的融合核心网,为 4G、Wi-Fi、物联网、固网等多种接入技术提供统一的网络接口。

## 过关测试

查阅资料,了解 5G 网络架构中核心网的功能。

___

___

___

___

___

___

___

___

___

## 任务3　小白必知的 5G 技术

## 任务描述

5G 并不是 4G 的线性延伸,如果说 4G 是高速公路,那么 5G 就是海陆空的立体交通网络,它涉及的技术有很多,覆盖了方方面面。无论你是否愿意,这项技术迟早会像现在 4G 一样普及。本任务将介绍 5 个小白必知的 5G 技术。

## 知识链接

### 一、高频段传输技术

5G 最显著的特点是高速,按照规划,速度高达 10~50 Gbit/s,人均月流量大约为 36 TB,如此高的速率必须要靠更大的带宽来支撑。随着人们对通信速率的要求越来越高,信道的带宽也就越来越宽,几根电话线的带宽不够,就增加到几百根;几百根不够就换成同轴电缆；电缆带宽不够就换成光纤……有线通信的带宽就是在这样递增着。

而手机通信使用的是无线信道，它的带宽是如何增加的呢？核心方法就是采用更高的频段。表 5-2 给出了波段与频段范围对照关系（波长＝光速/频率）。由表 5-2 不难看出，5G 时代若想有更高的通信速率，就要使用更大的带宽；而要想获得更大的带宽，就要使用更高的频段。

表 5-2　波段与频段范围对照表

| 波段 | 频段范围 | 频段名称 | 波长范围 |
| --- | --- | --- | --- |
| 甚低频（VLF） | 3～30 kHz | 甚波长 | 10～10 000 m |
| 低频（LF） | 30～300 kHz | 长波 | 10～1 000 m |
| 中频（MF） | 300～3 000 kHz | 中波 | 100～1 000 m |
| 高频（HF） | 3～30 MHz | 短波 | 10～1 000 m |
| 甚高频（VHF） | 30～300 MHz | 米波（超短波） | 1～10 m |
| 特高频（UHF） | 300～3 000 MHz | 分米波 | 0.1～1 m |
| 超高频（SHF） | 3～30 GHz | 厘米波 | 0.01～0.1 m |

根据国际电信联盟专家预测，将来有可能使用 30～60 GHz 的频段。俄罗斯专家甚至提出了 80 GHz 的方案。可以看到，30 GHz 以上的频段比表 5-2 中最后一项还要高，其波长自然比厘米波更短。因此，毫米波就成为 5G 的一项关键技术。

## 二、毫米波技术

毫米波就是波长为 1～10 mm 的电磁波，通常用于 30～300 GHz 的无线电频谱。毫米波具有 4 个特点：一是频谱宽，其配合各种多址复用技术的使用，可以极大提升信道容量，适用于高速多媒体传输业务；二是可靠性高，较高的频率使其受干扰很小，能较好抵抗雨水天气的影响，提供稳定的传输信道；三是方向性好，毫米波受空气中各种悬浮颗粒物的吸收较大，使传输波束较窄，增大了窃听难度，适合短距离点对点通信；四是波长极短，其所需的天线尺寸很小，易于在较小的空间内集成大规模天线阵。

在很长一段时期，毫米波一直处于无人问津的状态，一方面是因为没有商业需求，另一方面是因为相关技术的不成熟，导致相关设备成本过高。随着移动通信技术的发展，30 GHz 之内的频率资源几乎被用完，各国资源和国际标准化组织已经把所有的好频率都分配完毕，但依然存在频率短缺和频率冲突问题。而 5G 的来临，毫米波就像一块新大陆一样，给移动用户和移动运营商提供了无穷无尽的频率资源。

但是毫米波存在一个很严重的问题：毫米波属于高频率信号，因为频率越高，波长越短，就趋近于直线传播，绕射能力差，遇到障碍物不会躲避，导致信号变弱。因此，高频率信号网速快，但穿墙能力弱，信号覆盖范围小；而低频率信号网速慢，但穿墙能力强，信号覆盖范围大。要如何解决毫米波穿墙能力弱的问题呢？这就需要建立非常多的基站来保证信号覆盖范围。

## 三、微基站技术

顾名思义，微基站就是很微小的基站。由于5G毫米波穿透力较弱，并且在空气中衰竭很大，如果5G仍然采用以往在3G、4G时期使用的宏基站，那么就不能为与其距离较远的用户提供足够的信号保障。为了解决毫米波的"直线问题"，5G开始采用全新的基站模式——微基站。

想象一个这样的场景：在一个村庄的中心安上一个超大的喇叭，村长在村委会广播的时候，全村就能够通过这个大喇叭获知消息。但是，离喇叭最近的几户人家可能听得很清楚，而离喇叭远的人家就有可能听不清楚。如果住得更远，也有可能听不到喇叭发出的声音。此时，如果在每户的院子里都安装上一个小喇叭，虽然每个小喇叭的功率不及原先的大喇叭，但是，将这些小喇叭平均分到了各个区域，这样，每户人家都能有效接收到信息了。

在5G时代，微基站就是传播信息的小喇叭。因此，微基站不仅在体积上要远远小于宏基站，在功耗上也会有所降低，一般是5~20 W，可以在墙壁上直接钉装，不需要租用专用机房。由此可见，基站越小巧、数量越多，覆盖就越好，信号传播速度也就越快。

微基站虽然有这么多优点，但依然存在新问题。由于微基站发射信号的时候是散射的，并且各个微基站之间的信号会造成相互干扰，所以就会造成大量的资源浪费。另外，毫米波的波长缩短到毫米还会影响到天线的变化，这又要用到5G的另一项技术——大规模天线技术(Massive MIMO)。

## 四、Massive MIMO技术

根据天线理论，天线长度应与波长成正比(天线长度=波长/10~波长/4)，为1/10~1/4(这个比例可使电波的辐射和接收更有效)。当前手机使用的是甚高频(即米波)，天线长度大约在几厘米，通常安装在手机壳内的上部。5G时代的手机频率提升几十倍后，相应的手机天线长度也会降低到以前的几十分之一，会变成毫米级的微型天线，手机里就可以布设很多天线，乃至形成多天线阵列。

多天线阵列要求天线之间的距离保持在半个波长以上，手机的面积很小，现在的手机天线长度是几厘米，多天线阵列是难以设置的。而随着天线长度的降低，特别是5G时代的毫米尺寸天线，就可以布设多天线阵列，给高级MIMO技术的实现带来了可能。

MIMO技术，也称为"多入多出"技术，同时也可以称为多发多收天线技术，其基本原理是基站与手机之间有很多对的信道并行通信，每一对天线都独立传送一路信息，经汇集后可成倍提高速率，这是MIMO的一大优点。

但是因为基站不知道你的具体位置，所以它跟你通信使用的电子波是全向辐射的。就像是灯泡发光一样，只有到达你手机的辐射才是有用的，其他方向的辐射都是浪费的。这种巨大的无用辐射还会成为其他手机的干扰信号，如图 5-11 所示。

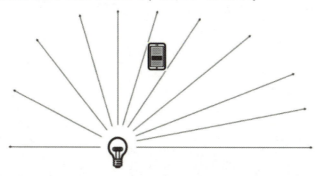

图 5-11　基站发射信号类似灯泡发光

基站与手机之间的关系就相当于光源与被照射物的关系（灯泡模式）。我们能否找到一只无形的手，把散开的光束缚起来呢？这样既能节约能量，也保证了要照亮的区域有足够的光。就像手电筒一样，因为手电筒的能量更集中，所以比灯泡照得更远。于是，人们就想到将灯泡模式改成有指向的手电筒模式，从而提高能量的使用效率。这就要用到波束赋形技术。

## 五、波束赋形技术

波束赋形技术，是指在基站上布设天线阵列，通过对射频信号相位的控制，使相互作用后的电磁波的波瓣变得非常狭窄，并指向它所提供服务的手机，而且能根据手机的移动而转变方向。这种空间复用技术，由全向的信号覆盖变为了精准指向性服务，波束之间不会发生干扰，在相同的空间中能提供更多的通信链路，极大地提高了基站的服务容量。

中国主导的 3G 国际标准，时分同步码分多址（Time Division-Synchronous Code Division Multiple Access，TD-SCDMA）有六大技术特点，其中有一项就是智能天线，采用的就是一种空间复用技术。在 5G 入网设备数量成百上千倍增加的情况下，这种波束赋形技术所能带来的容量增加显得非常有价值，不仅能大幅度增加容量，还可以大幅度提高基站的定位精度。

在传统的宏基站大覆盖的情况下提速是非常困难的，20% 的频谱利用率的提升都是了不起的成就，而在 5G 时代的千倍提速要求面前，这种内部挖潜的方法是行不通的，只有通过大幅度加大带宽才有可能。加大带宽是起点，由此而产生的毫米波、微基站、高阶 MIMO、波束赋形等都是顺理成章的技术趋势。只要把基站做得足够小，其服务范围变窄了，单个用户获得的资源就能足够大，速度就可以提高到足够快。因此，5G 的任何一项关键技术都不会有革命性的突破，其上千倍综合能力的提升，更多的是来自移动网络的重新布局。

## 过关测试

查阅资料，了解 5G 还有哪些关键技术。

_____
_____
_____
_____
_____
_____
_____
_____

## 任务 4　体验 5G 三大应用场景

### 任务描述

5G 已经逐步活跃在我们的生活中。2019 年 10 月 1 日，新中国成立 70 周年的阅兵仪式中，现场的 4K 超高清直播的背后便依托的是 5G 网络，实现了全程移动状态下的画面回传，我们虽不能亲临现场，但也收获了一份前所未有的独家阅兵记忆。建设工地上，"5G 云监工"令施工全过程实时展示在全国人民眼前……

让我们一起认识颠覆人们当下生活的 5G 三大应用场景。

### 知识链接

2015 年，ITU 为 5G 定义了三大应用场景：增强移动宽带（eMBB）、海量机器类通信（mMTC）和超可靠低时延通信（uRLLC）。

#### 一、增强移动宽带（eMBB）

增强移动宽带（Enhanced Mobile Broadband，eMBB）就是我们常说的 5G 上网业务，主要面向 3D/超高清视频等大流量移动宽带业务，相当于 4G 网络的增强，用户体验速率在 0.1~1 Gbit/s，峰值速率为 10 Gbit/s，这意味着手机用户在不到 1 s 的时间内，即可完成一部高清电影的下载。

## 二、海量机器类通信(mMTC)

5G 定义的第二个场景就是海量机器类通信(Massive Machine Type of Communication,mMTC),它对应的是物联网等连接较大的应用。未来,基础设施会被 5G 连接起来,如路灯、水表、垃圾桶等。城市的管理者可以精确地知道每个基础设施的状态。例如,哪一盏路灯坏了,哪一段水管漏了,哪一个垃圾桶满了等。而根据相关标准,5G 定义的 mMTC 场景,其每平方千米可支持连接 100 万个设备。

万物互联是人工智能时代背景下物联网的终极目标。但是,目前的物联网发展得并不透彻,现阶段实现的物联网还比较低端。其症结之一就是无线网络带宽和延时不达标。而如今 5G 的到来,才真正可以实现万物联网。

例如,我们使用一部手机就能够实现对家里一切物品的调控,在下班回家的路上提前打开空调,让家里的温度维持在最佳的状态,回到家里,我们就能一边享受自己的时间,一边享受机器为我们带来的服务。

## 三、超可靠低时延通信(uRLLC)

5G 定义的第三个场景就是超可靠低时延通信(Ultra Reliable Low Latency Communication,uRLLC)。它的特点就是满足自动驾驶、工业自动化等场景要求。

我们知道,自动驾驶汽车涉及人和车、车和车、车和路之间的配合。而要实现无人驾驶,需要车辆像人一样具有"环境感知、分析决策、行动控制"3 个功能。而这些功能都需要分解到每一个微小环节,达到极致安全和可靠的地步。5G 网络的实现,可以将自动驾驶达到极致安全和 99.999% 的可靠性。

测试数据显示:自动驾驶汽车以 60 km/h 的速度行驶,如果时延是 60 ms,则车的制动距离大概是 1 m;如果时延是 10 ms,则车的制动距离是 17 cm;如果降低到 5G 的理论时延 1 ms,则制动距离缩短到只有 17 mm。而低时延、高带宽和高稳定性等,恰好是 5G 的特性。5G 网络的商用,为提升车辆对环境的感知、决策、执行能力,为车联网、自动驾驶的应用,尤其是涉及车辆安全控制类的应用带来很好的基础条件。

## 过关测试

5G 场景中 eMBB 的典型应用包括哪些(不少于 3 个)?

 拓展阅读

## 国之重器——北斗卫星导航系统成长史

2020年6月23日，长征三号运载火箭搭载北斗三号，在西昌卫星发射中心点火升空，这是北斗导航系统的最后一颗全球组网卫星。排星布阵20余年，我国终于有了自己的卫星导航系统，这意味着我们彻底结束了依赖全球定位系统(Global Positioning System，GPS)的历史。

今天我们就来回顾一下，我国北斗卫星导航系统的成长之路。

先了解一下卫星定位的基本原理。

首先，要想获取我们的位置，太空中需要部署至少3颗导航卫星。导航卫星不断发射电磁波信号，我们利用导航设备接收信号，将信号在一发一收之间产生的时间差，再乘以电磁波的传播速率(即光速)，其结果就是我们与导航卫星的距离，最终可以得出我们所在的位置。当然，实际情况要比这复杂得多。

那么，为什么需要3颗导航卫星定位呢？如果只有一颗导航卫星，那么我们的位置就可能是在以导航卫星为圆心，地面与导航卫星的距离为半径的球面上的任何一个位置；如果有两颗导航卫星，则两个球面相交就得到一个圆周，圆周上的任何一点都有可能是我们的位置；如果有3颗导航卫星，3个球面相交得A、B两个点，两点中的任何一点也都可能是我们的位置。而两点之中仅有B点在地表附近，于是就锁定了我们唯一的位置。这就是导航位置的秘密——即"三球交会定位原理"。

但是，在测量时间的时候往往会产生各种误差，为了消除误差，还需要第四颗导航卫星的辅助，同时为了保证我们随时随地都能接触到4颗以上的导航卫星信号，环绕地球的导航卫星总数往往要高于4颗。例如，美国的GPS和俄罗斯的格洛纳斯系统导航卫星的数量都在24颗以上。可是，20世纪90年代，想要在短期内发射同等数量的导航卫星，对于航天技术相对落后的中国来说，几乎是一个不可能实现的梦想。

那么，能否用最少的卫星实现定位的目标呢？

1983年，中国科学院院士、"两弹一星功勋奖章"获得者陈芳允教授提出，利用两颗同步定点卫星进行定位导航的设想，这一系统被称为"双星定位系统"。"双星定位系统"的巧妙之处在于，在地面设置了一个"大脑"和"地面控制中心"用来替代其中的一颗卫星，再用两颗地球静止轨道卫星(以往需要3颗)实现定位，极大节省了建设成本。这样虽然无法实现全球导航，但至少可以覆盖中国区域，解决从无到有的问题。

1989年9月25日，陈芳允在北京一处不足30 m$^2$的临时机房里，首次用两颗卫星演示了"卫星定位系统"。他利用两颗卫星将快速定位、通信和定时一体化并获得理想的实验数据。陈芳允演示的正是日后北斗一号系统的雏形，这一次实验带给中国人极大的信心——中国有能力造出自己的导航系统。

但由于没有合适的时机，自建卫星导航系统的想法一直没有被重视。

1991年海湾战争期间，美军空袭伊拉克，开始在战争中应用了GPS卫星导航技术。依

靠GPS，海湾战争中的美军曾创造过两枚导弹先后攻击同一目标，且后一枚导弹通过前一枚导弹炸开的洞口成功钻入目标内部并爆炸。海湾战争给中国军方带来的感受可以说是非常震撼，让我们明白了拥有自己的导航系统的重要性。

1993年7月23日，美军以获取情报为由，指控中国"银河号"货轮向伊朗运输制造化学武器的原料，并关闭了GPS，迫使其停止航行，并威胁要对中国进行制裁。同时，美国向"银河号"所在的国际公海派出了两艘军舰和5架直升机，"银河号"被扣留长达3周之久。9月4日，"银河号"货轮上的最后一个货箱被检查完毕，没有发现任何制造化学武器的原料。"银河号"被迫终止正常航行长达33天，并被迫改变航线延误卸货，使中方船只及人员的安全受到严重的威胁。"银河号"事件让我们再一次看清了事实，没有自己的卫星导航系统，遇到霸权欺凌时，我们只能忍气吞声，这让国家下定了决心，自建卫星导航系统的工作刻不容缓。

1994年，北斗一号系统建设正式启动，并结合我国在不同阶段的技术和经济发展情况，提出了"三步走"的发展路线。

1. "双星定位"的北斗一号

北斗一号系统除了缺资金，更大的困难是缺技术和人才。而当时的西方国家在几乎所有高科技领域都对中国实施严酷的技术封锁。甚至在1996年7月，包括美国、英国在内的33个西方国家又签署《瓦森纳协定》，其包含对中国等国家实施军用、军民两用商品和技术的控制清单。在既缺资金又缺技术的情况下，北斗卫星导航系统被逼出了自己的"开创性"。

北斗一号系统采用的是有源定位体制。也就是说，用户需要发射信号，系统才能对其定位，这个过程要依赖卫星转发器，所以存在时间延迟，且容量有限，满足不了高动态的需求。北斗一号的这种工作原理还带来两个方面的问题：一方面，用户定位的同时失去了无线电隐蔽性，这在军事上相当不利；另一方面，由于设备必须包含发射机，因此其在体积、重量、价格和功耗方面处于不利的地位。但北斗一号巧妙设计了双向短报文通信功能（GPS只有单向）。双向短报文通信就是指用户与用户、用户与中心控制系统之间可实现双向简短数字报文通信，这种通信与导航一体化的设计是北斗一号的独创。

北斗项目立项6年后的2000年，我国发射了两颗地球静止轨道卫星，北斗一号系统建成并投入使用，北斗双星的设想终于变成了现实。中国也成为继美国、俄罗斯之后第3个拥有卫星导航系统的国家。2003年，我国又发射了第3颗地球静止轨道卫星，进一步增强了北斗一号系统的性能。但是，北斗一号只能提供模糊的定位和授时功能，而且无法测速，不仅在商用领域没有优势（GPS当时可在全球免费使用），在军用领域的价值也有限。因此，中国必须造出更精确的导航定位系统。

2. 北斗二号——4小时，险胜频率保卫战

中国作为导航系统战场的后来者，除了缺资金、缺技术，还缺频率。中国要真正在北斗一号的基础上提升卫星导航系统的精确性和扩大覆盖区域，就要发射更多的卫星。而卫星上天的前提，是拥有合法的频率轨位。

ITU分配给卫星导航系统的频率资源是有限的，这是世界上想要发展自己的卫星导航系统的国家必争的宝贵资源。而要取得合法的轨位，第一步，需要先向ITU申报，并与相关系

统进行协调；第二步则要与已上天的卫星系统进行频率协调。为此，从2000年起，中国先后与20多个国家、地区和国际组织的300余个卫星网络开展了频率协调。经过复杂的频率设计与周密的干扰仿真计算，中国卫星导航专家谭述森院士创造性地提出了卫星导航频谱共用与兼容性评估准则。该方案最终赢得了其他卫星网络的认可，北斗二号终于获得了合法频率；然后才到了第三步：真枪实战发卫星和传信号的阶段——这是一场争分夺秒的"生死时速"。

因为根据ITU的规则，频率资源要"先用先得"和"逾期作废"。有效期以申请日期开始计算，只有7年。这是北斗二号的第一道时间锁，即中国必须在2007年4月18日零点之前成功发射导航卫星并成功播发信号。

2004年，中欧正式签署了技术合作协议，中国加入了欧洲的伽利略计划，中方承诺投入2.3亿欧元的巨额资金，并且第一笔7 000万欧元的资金很快就到位，希望能获得欧洲"原子钟"的核心技术(原子钟是一种精确测量时间的时钟，它以原子共振频率标准来计算及保持时间的准确，这是世界上已知最准确的时间测量和频率标准，它直接决定卫星导航系统的精度。没有原子钟就没有校准的时间，导航卫星也就基本上没有用处)。

同年，北斗二号系统建设启动，此时，已经比欧洲的伽利略系统晚了两年。

2005年12月28日，伽利略计划的首颗实验卫星"GIOVE-A"被顺利送入太空轨道。如果此时频率被欧洲占去，那么北斗二号第二步将面临刚要抬脚便无路可走的窘境。让人意外的是，这颗伽利略实验卫星只占了轨道并未开通信号(频率)；并且，缺少资金的欧洲还把伽利略计划的第二颗卫星的发射时间推迟了两年。这给了北斗二号一个翻身的机会，只要在两年内造出一颗卫星，北斗二号就有希望。

眼看北斗二号进展直追伽利略计划，没占到频率的欧洲用核心设备限制中国。原本欧洲已经同意向中国出售原子钟核心技术，但在签署合同时却突然反悔，伽利略合作协议失效，先期投入的7 000万欧元买了一个教训，这也让中国人下定决心——自己制造原子钟。

为了赶工期，北斗组建了中科院、航天科技、航天科工3支队伍同时攻关，并在基础理论、材料、工程等领域同步进行推进。仅仅用了两年时间，国产星载原子钟被成功研制出来，原子钟这个最大技术瓶颈被攻克了。更让人惊叹的是，欧洲出售的原子钟精度指标是10万年差一秒，而我国北斗卫星导航系统现载原子钟的精度已经提升到了每300万年差一秒。

2007年4月上旬，赶在频率失效前的最后几天，卫星被运到发射基地，搭上发射塔架。卫星最后的发射日期定在4月14日。如果一切顺利，该星升空并回传信号，北斗二号就能赶在4月18日频率失效前完成频率占用。

可是，好事总是多磨。

在发射前3天的第三次全面检查时，工作人员突然发现卫星上的应答机出现异常。这意味着卫星不能发射无线电信号，也就拿不到合法的频率资源。

北斗科研人员只有3天的时间来解决这个问题。为了确保卫星发射万无一失，研发人员仔细研究后决定，由工作人员先爬上塔架打开火箭、拨开卫星，然后钻进卫星取出有问题的应答机设备。这个过程不能有丝毫的不当操作，否则一旦其他系统受到损害，将会形成无法挽回的局面。终于，应答机被安全取出来。但是应答机的科研单位在上海，发射地所在的西昌彼时还没有高速公路和机场，想在3天内往返于西昌和上海并修复应答机，绝无可能。各方协调之下，北斗指挥人员决定在成都一家科研单位修复应答机。2007年4月14日4时11分，这颗肩负着"保频率"使命的北斗卫星成功发射。

接下来的3天，十多家北斗卫星研制厂家集中在一个大操场上，把卫星信号接收机摆成一条直线，等待着信号的传回。工作人员夜以继日地调试地面设备，接收信号。但直到4月17日白天，地面站仍未收到卫星信号。17日晚，眼看着ITU的"7年之限"即将到期，地面信号接收机仍毫无动静。晚上8时，十几个用户接收机界面突然跳动，北斗卫星终于下发了第一组信号……

北斗二号首颗卫星圆满完成使命，不仅成功入轨，还占到了频率。但惊险的是，等待了7年的北斗卫星，最后在离ITU的"7年之限"不到4 h的时候迎来它的合法化！自此，成功解决轨道问题后的北斗进入了它的开挂模式……

实际上，在2010年，北斗二号发射第3颗卫星时，就正式采用了与欧洲"伽利略"卫星一样的PRS频段，为此，欧洲航天局的代表团数次来到北京请求与中国谈判。欧洲官员的说法是，该频段是欧洲从美国人手中花"血本"取得的，而且伽利略系统早已按此频率进行了技术设计，已经无法修改，因此要求北斗卫星导航系统"搬迁"到其他频道上。可中国按照ITU的"先占先得"规则依法获得频率，并拒绝了欧洲的要求。2015年年初，无计可施的欧盟被迫接受了中国提出的频率共用理念，中欧的频率之争彻底得到解决。

### 3. 北斗三号

第三步，建设北斗三号系统，实现全球组网。

2009年，北斗三号系统建设启动；截至2020年，已完成30颗卫星发射组网，全面建成了北斗三号系统。这30颗卫星中，有3颗地球静止轨道卫星，3颗倾斜地球同步轨道卫星，24颗中圆地球轨道卫星。2020年6月23日发射的卫星是一颗地球静止轨道卫星，也是北斗卫星导航系统星座部署的收官卫星。

北斗三号系统继承了有源定位和无源定位两种技术体制，通过"星间链路"，也就是卫星与卫星之间的链接"对话"，解决了组网需要全球布站的问题。北斗三号在北斗二号的基础上进一步提升性能，扩展功能，为全球用户提供定位、导航、授时、全球短报文通信和国际搜救等服务，同时在中国及周边区域，提供星基增强、地基增强、精密单点定位和区域短报文通信服务。下一步的计划是，到2035年，建设完善更加泛在、更加融合、更加智能的国家综合时空体系。

卫星导航系统的应用领域非常广阔，在军事、民用、科技等方面形成庞大产业链。北斗作为我国自主研发的卫星导航系统，是我国未来重要的战略性新兴产业。根据欧洲全球导航系统局发布的2019年全球卫星导航市场报告显示，2019年，全球卫星导航实现总产值约1.2万亿人民币，到2029年，全球卫星导航市场总产值约2.6万亿人民币，将近翻了一番。从社会持有量来看，2019年，亚太地区终端持有量为34亿台，占全球市场的53.1%，终端产值为3 690亿人民币，占全球市场的30.5%。预计到2029年，亚太地区终端持有量将达到51亿台，其终端产值将达到8 480亿人民币。这清楚地表明了未来十年，全球市场将以亚太地区为核心。

在今天全球经济低迷、贸易战阴霾笼罩的背景下，卫星导航市场将是全球少数逆势上涨的产业市场之一。而北斗卫星导航系统作为我国自己的卫星导航系统，亚太地区是我们重点照顾地区，相比世界上其他卫星导航系统，具有更大优势。根据2019年12月27日北斗官网发布的系统发展报告显示，北斗全球定位精度优于10 m，测量精度优于0.2 m/s，授时精度优于20 ns；在亚太地区定位精度优于5 m，测量精度优于0.1 m/s，授时精度优于10 ns，整体性能提升一倍。并且在未来，其性能还会有更大的提升。

北斗卫星导航系统的成功，离不开背后科研人员的辛勤付出，这是他们20多年来，用汗水和智慧耕耘出的成果。从最初双星的定位设想，到如今全球定位的实现，心中那份感动和振奋，我不知道该怎样用语言形容，只是让我们更加坚信：没有什么能够阻挡中国！我们向往星辰大海！

## 模块考核

### 一、单项选择题

1. 麦克风在通信系统中属于(　　)。
   A. 信宿　　　　　B. 发送设备　　　C. 接收设备　　　D. 信源
2. 近现代通信与古代通信的分割点就是电子技术的引入。电磁技术最早的应用就是(　　)。
   A. 电视　　　　　B. 电报　　　　　C. 电话　　　　　D. 广播
3. 4G 时代的主要系统是(　　)。
   A. CDMA2000　　　B. LTE　　　　　C. WCDMA　　　　D. TD-SCDMA
4. 5G 技术中,用于提升接入用户数的技术是(　　)。
   A. Massive MIMO　B. D2D　　　　　C. MEC　　　　　D. UDN
5. 5G 每平方千米至少接入(　　)台设备。
   A. 1 000　　　　　B. 1 万　　　　　C. 10 万　　　　　D. 100 万
6. 无人驾驶场景属于 5G 三大类应用场景中的(　　)。
   A. 增强移动宽带　B. 海量大连接　　C. 低时延高可靠　D. 低时延大带宽

### 二、填空题

1. 5G 主要有增强移动宽带、_____ 及 _____ 三大应用场景。
2. 毫米波就是波长为 _____ 的电磁波,通常用于 _____ 的无线电频谱。
3. 5G 系统要求往返时延是 _____ ms。

### 三、简答题

1. 什么是 5G?谈谈你对 5G 技术的理解和看法。
2. 什么是微基站?简述它的作用。

## 模块实训

模块 5　5G 与快速通信实训任务单

# 模块6　云计算与按需服务

云计算技术是继互联网之后信息领域最大的颠覆性技术。因为真正让它变得炙手可热的推手是用户日益增长的需求。例如：为了提高计算机的性能，我们需要加装各种软、硬件；为了查杀最新的计算机病毒，我们要不断升级计算机的杀毒软件；为了业务发展的需要，我们要不断购买各种设备去改造和升级自己的网络。结果，网络越建越多，设施越来越多，管理网络需要的人也越来越多，随之带来了成本昂贵、资源浪费、技术瓶颈、使用不便等一系列难题，而云计算技术可以很好地解决上述问题。

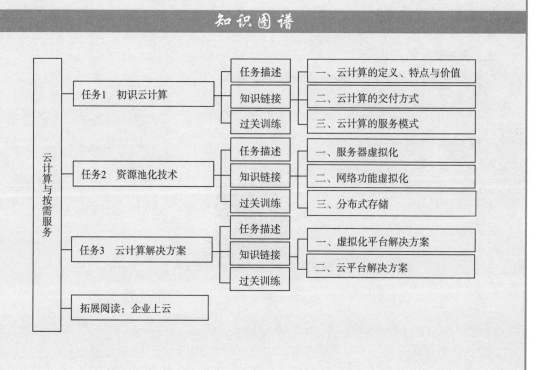

## 学习目标

| 知识目标 | 1. 理解云计算的定义，掌握云计算的分类及每种分类的特点；<br>2. 掌握云计算资源池化相关技术及它们各自解决的问题；<br>3. 掌握虚拟化平台与云平台解决方案。 |
|---|---|
| 能力目标 | 1. 具有虚拟化技术的认知能力；<br>2. 能够描述云平台管理的典型场景。 |
| 素质目标 | 引导学生树立正确的科学思想、具备推陈出新的素质，培养学生的工匠精神。 |

## 建议学时

4 学时

## 任务1  初识云计算

### 任务描述

在云计算诞生初期，人们对于"云"的认知就如同盲人摸象。有人说，虚拟化就是云计算；有人说，分布式计算就是云计算；也有人说，把一切资源都放在网上，一切服务都从网上获取就是云计算；更有人说，云计算只是一种思维方式。本任务将主要介绍云计算的定义、特点、服务模式与交互方式，以便让大家更好地认识"云"，使用"云"。

### 知识链接

#### 一、云计算的定义、特点与价值

**1. 云计算的定义与特点**

要想知道什么是云计算，首先要知道什么是"云"。"云"是由网络上大量闲置的计算机软、硬件资源，通过虚拟技术整合成了一个"资源池"，我们将这个"资源池"称为"云"。"资源池"为用户提供存储、安全、计算、检索等各种服务，以及所需要的各种资源的技术。

现阶段，广泛被接受的云计算的定义来自美国国家标准与技术研究院（National Institute of Standards and Technology，NIST），具体为：云计算是一种能够通过网络，以便利的、按需付费的方式获取计算资源（包括网络、服务器、存储、应用和服务）并提高其可用性的模式，这些资源来自一个共享的、可配置的资源池，并能够以最省力和无人干预的方式获取和释放。

由此可知，云计算具备自助服务、广泛的网络访问、资源池化、快速弹性及计费服务等特点。云计算的精髓就是把有形的产品（网络设备、服务器、存储设备、各种软件等）转化为服务产品，并通过网络让人们远距离在线使用，使产品的所有权和使用权分离。正如洗衣店老板把洗衣机这种有形产品转化为洗衣服务一样，消费者直接投币自助洗衣，这样一方面提高了洗衣机的使用率，另一方面降低了消费者购买洗衣机的支出。云计算作为企业级IT最具历史意义的革新，它具有快速扩展、提供数据集中共享及快速响应业务需求的功能。

### 2. 云计算的价值

假如某公司要上线一个信息化业务系统，在传统IT场景下，需要经历申请服务器硬件预算→硬件采购→设备到货→机器上架→系统安装、调试等阶段，这个过程需要消耗几周甚至几个月时间，花费上万甚至几十万的费用；而在云服务场景下，只需要打开云服务商的官网，通过在线结算的方式，就可以购买一台与物理服务器在使用上没有任何差异的云服务器，来部署我们的信息化业务系统。整个过程只需几分钟，甚至几秒钟，消耗的成本只需几千元或几百元。

通过这个场景我们可以看到，云计算对我们的价值在于：能够极大地提高IT企业的工作效率；能够降低IT的成本投入；能够帮助企业进行创新。在IT企业的人力、成本预算有限的条件下，云服务可以使IT企业腾出更多的人力和资金去发展业务层面的调优和创新。

## 二、云计算的交付方式

云计算的交付方法有以下3种。

### 1. 私有云

顾名思义，私有云是指构建在企业自己的数据中心内部，面向企业内部组织用户服务。它的典型特点是数据安全性高、IT基础架构可控能力强，以及在一些政策法规监管的场景下，它是一种合规的建设方案。因此，私有云被广泛应用于政府、教育、医疗、金融或其他一些对数据安全性要求较高的政企用户场景中。

### 2. 公有云

公有云由云服务商统一建设（如阿里巴巴、腾讯、亚马逊等），面向任何网络用户提供云服务。它的特点是，初期投入成本较低，后期的扩容以及资源的释放比较弹性灵活，一般被应用于互联网行业或互联网相关业务。

### 3. 混合云

混合云，是指既在数据中心内部建设了私有云，又使用了公有云服务。例如，我们在公司内部使用了一套虚拟化云平台,又购买了公有云的云主机等资源。混合云对用户既具有私有云的安全与合规的特点,又具备了公有云的弹性和低成本。我们可以把对安全性要求较高的业务放在私有云上,而把对弹性和低成本要求比较高的业务放在公有云上。这是混合云的价值体现,也是未来 IT 云模式的发展趋势。混合云一般被应用于教育、传媒、制造、零售等各类行业用户场景中。

### 三、云计算的服务模式

云计算的服务模式分 3 类,即基础设施即服务(IaaS)、平台即服务(PaaS)和软件即服务(SaaS)。图 6-1 给出了自建信息化业务系统与云计算服务模式对比。

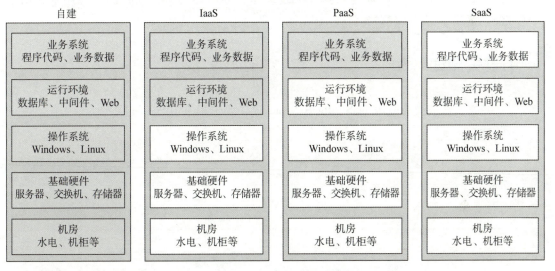

图 6-1　自建信息化业务系统与云计算服务模式对比

由图可知,用户自建一个完整的信息化业务系统,首先需要机房,在此基础上需要购买各种基础硬件,基础硬件到位后需要安装操作系统,安装完操作系统需要搭建运行环境,最后在运行环境之上运行程序代码和业务数据。而在云计算的服务模式下,信息化业务系统的构建方式如下。

**1. 基础设施即服务(IaaS)**

在基础设施即服务(Infrastructure as a Service,IaaS)场景下,机房、基础硬件及操作系统对用户来说是不可见的,它已经通过云服务的方式提供给用户。在这种场景下,给到用户手中的已经是一个完整的操作系统。例如,在阿里云上购买一台云主机,用户获得的就是一个典型的 IaaS 场景。在获得这样一个操作系统之后,用户只需要部署运行环境去运行业务系统即可。

**2. 平台即服务(PaaS)**

平台即服务(Platform as a Service,PaaS)相比 IaaS 的层次更高。在这个场景中,它将运行环境也通过云服务的方式交付了。用户不需要部署数据库、中间件以及 Web 等,只需要将程序代码和业务数据放在运行环境下运行即可。例如，我们在公有云的服务商处购买了一个 MySQL 数据库，用户获得的就是一个典型的 PaaS 场景。

### 3. 软件即服务（SaaS）

软件即服务（Software as a Service，SaaS）对用户来说更方便，只需要开通一个账号即可直接使用，不需要做任何 IT 项目的投入。例如，基于客户关系管理（Customer Relationship Management，CRM），用户只需申请一个账号就会获得这个业务系统，用户直接使用即可。

云计算技术，是一项颠覆性的技术。它带来的是思维方式的变革。有了云计算，我们进行信息化建设的观念就要从"购买产品"建设网络，转变为"购买服务"。我们不一定要拥有看得见、摸得着的设备，也不需要支付设备的供电和专人维护等费用，更不需要等待漫长的项目建设时间，只需要把钱转给云计算服务商即可，就像我们平时用水、用电一样方便。

 过关测试

云计算按照服务类型分为 IaaS、PaaS、SaaS 三类，它们各有什么不同？

_____
_____
_____
_____
_____

任务2　资源池化技术

📖 任务描述

资源池化是云计算的核心。以往企业做 IT 建设好比是"烟囱式"的建设，如果要建设一个业务应用，就买一套设备。一个应用就是一根烟囱，烟囱之间不连通，资源无法根据业务的变化实现动态调整，利用率很低。而云计算则打破烟囱，将其改成"池子"的方式，把所有计算的资源整合成"计算资源池"，将所有存储的资源整合成"存储资源池"，全部 IT 资源都变成一个个"池子"，然后基于这些基础架构的资源池去建设应用，以服务的方式去交付资源，这就是云计算的理念。

那么，如何对资源进行池化呢？本任务将介绍 3 个非常关键的资源池化技术，以帮助大家更好地理解云计算的理念。

 知识链接

## 一、服务器虚拟化

1. 传统物理机模式 VS 服务器虚拟化模式

服务器虚拟化是最核心的资源池化技术。如图 6-2 所示是传统物理机模式和服务器虚拟化模式资源使用情况对比。

在传统物理机模式下，操作系统直接安装在物理服务器上，操作系统内部部署了相应的业务服务，如图 6-2(a)所示。在这种场景下，物理服务器资源利用率很低，一般为 10%~50%。随着新的业务系统的增加，服务器数量也会越来越多，导致机房资源压力增大(包括机柜空间、空调制冷及 UPS 电力消耗等)。

在服务器虚拟化模式下，我们可以在一台物理服务器上部署虚拟化管理程序(如 ESXi、KVM 等)，如图 6-2(b)所示。虚拟化管理程序能够将物理资源进行切分，安装一个个虚拟的操作系统，实现在一台物理服务器上虚拟出多个虚拟服务器来运行更多的业务服务。因此，服务器虚拟化模式提高了资源利用率(一般为 50%~80%)。这样，机房服务器的数量得到控制，降低了机房资源的损耗。

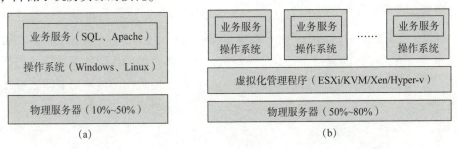

图 6-2 传统物理机模式 VS 服务器虚拟化模式资源使用情况
(a)传统物理机模式；(b)服务器虚拟化模式

可见，在传统物理机模式下，由于服务器无法共享，导致服务器资源利用率普遍较低，造成较多的运维问题；而虚拟化技术解耦了服务器硬件与操作系统之间的紧耦合关系，从而能够进行物理资源的共享和复用等操作，将操作系统部署在物理服务器上，和部署在虚拟机中，在使用上没有任何差异。

2. 虚拟化平台

当有很多台物理服务器，每一台物理服务器上都部署着虚拟化的管理程序，并且运行着很多虚拟操作系统时，应该怎样去管理它们？

虚拟化平台管理中心就是用来解决上述管理问题的，如图 6-3 所示。

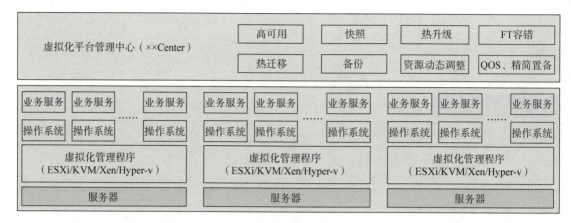

图 6-3　虚拟化平台管理中心

通过云平台可以虚拟化高可用、热迁移、快照、备份等功能，确保核心业务的连续性，避免了由于传统 IT 单点故障而导致业务不可用的情况，并且可以通过虚拟化平台实现虚拟机资源的灵活调度和池化。

## 二、网络功能虚拟化

### 1. 虚拟化环境中的网络架构

在传统物理网络架构下，如图 6-4(a) 所示，物理服务器之间的数据传输需要依赖于物理网络设备，6 台服务器通过路由器进行数据传输；而在虚拟化环境网络架构下，物理机变成云主机和虚拟机，一台物理机上有多个虚拟机，这时需要借助虚拟的网络设备进行内部的网络互联，主机之间的数据传输通过虚拟网络设备实现，使数据的传输更灵活、更高效，如图 6-4(b) 所示。

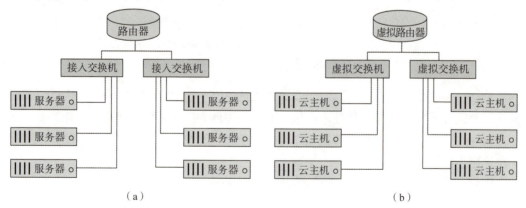

图 6-4　传统物理网络架构 VS 虚拟化环境网络架构

(a) 传统物理网络架构；(b) 虚拟化环境网络架构

### 2. 常用的网络虚拟化功能

有 4 个非常典型的网络功能可以被虚拟化，分别是虚拟交换机、虚拟路由器、虚拟防火墙和虚拟负载均衡。

(1)虚拟交换机

虚拟交换机能够连接同一局域网的同一子网中的不同云主机，处理云主机之间的数据帧转发。如图6-5(a)所示，虚拟交换机连接同一个子网中的3台云主机，那么，3台云主机之间就可以进行数据帧的转发。

(2)虚拟路由器

虚拟路由器的作用是连接同一局域网中不同子网络中的云主机，处理不同网络之间的数据包路由。如图6-5(b)所示，假如有两台虚拟交换机，分别连接了不同网段的云主机，它们之间如果要进行通信，就要借助虚拟路由器实现。

(3)虚拟防火墙

虚拟防火墙负责对不同网络之间的数据传输进行访问控制，保护网络之间的访问安全。例如，如果不希望某一个网段访问某一个端口，就需要借助虚拟防火墙实现访问控制配置。

(4)虚拟负载均衡

虚拟负载均衡负责将外部的访问请求按照既定策略分发到不同的云主机中去处理。假如我们对外提供了一个统一的IP地址和端口，虚拟负载均衡就可以把外部访问的流量均衡地按照既定的策略分发到不同的云主机中去，如图6-5(c)所示。

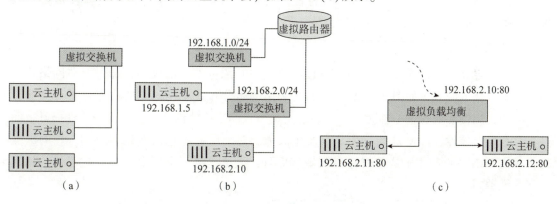

图6-5 网络虚拟化功能

(a)虚拟交换机；(b)虚拟化路由器；(c)虚拟负载均衡

以上是4个非常典型的网络虚拟化功能。在实际的产品中，可以交付的网络虚拟化功能不局限于这4种，我们常见的一些网络设备的功能都可以被以虚拟化的方式运行在云平台中。

## 三、分布式存储

最常见的存储方式有两种，分别是存储区域网络(Storage Area Network，SAN)存储和分布式存储。

### 1. SAN存储

SAN存储是一种非常典型的集中式存储结构，如图6-6所示。通常，一台SAN存储设备上有两个控制器，控制器下面有很多磁盘，上面有两个光交，由光交去连接不同的计算节点，以实现计算节点到存储设备的访问。

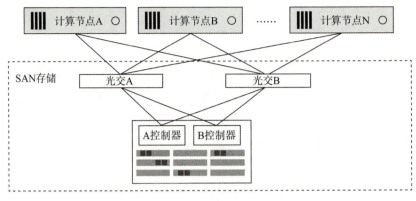

图 6-6　SAN 存储

SAN 存储是一项非常成熟的技术，它的优点是，在特定规模场景下产品性能良好；从维护和管理角度来说，产品稳定且可维护性较强。但是由于 SAN 存储是一种集中式架构，它的可扩展性有限，且大部分 SAN 存储还无法做到横向扩展，更多的是采用加盘柜的方式进行纵向扩展，这样就会影响存储器的性能。另外，SAN 存储在硬件级别的单点故障，如果某设备出现故障，则整个平台也就会整体陷入故障。

2. 分布式存储

分布式存储，是指通过 PC 服务器构建，利用 PC 服务器上的硬盘，通过万兆网络对外提供一个整体的服务，如图 6-7 所示。因为采用的是分布式架构，它的优点是扩展性非常好，因此，当性能或容量不够时，可以通过增加节点的方式使性能和容量得到线性提升，而且不存在单点故障，即便是某一个节点发生故障，对上层业务也没有任何影响。它的缺点是，相比 SAN 存储技术的成熟性略有欠缺。而且，无论是哪一个厂商的分布式存储，均有一定的维护门槛。

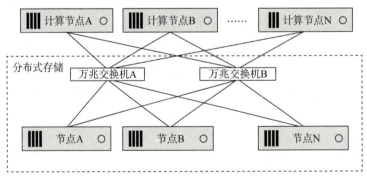

图 6-7　分布式存储

在我们使用云平台需要对接后端存储的时候，我们可以根据需求灵活选择 SAN 存储和分布式存储。

过关测试

有哪些传统网络设备可以以虚拟化的方式应用在虚拟化环境中？

_____
_____
_____
_____
_____
_____
_____

## 任务3 云计算解决方案

### 任务描述

随着互联网技术的发展，越来越多的应用面向云计算。本任务将提供云计算的两种解决方案：虚拟化平台解决方案和云平台解决方案。这两种解决方案没有本质上的区别，都是资源池化和资源调度的技术。但是，云平台解决方案能够解决虚拟化平台解决方案中难以解决的多区域、多平台及多租户等问题，学习时要加以注意。

### 知识链接

#### 一、虚拟化平台解决方案

**1. 什么是虚拟化平台解决方案**

虚拟化平台解决方案如图 6-8 所示，物理服务器安装虚拟化操作系统作为虚拟化计算节点，用另外的物理服务器或虚拟机部署虚拟化平台的管理节点。根据用户场景需求，虚拟化平台后端对接的存储可选择 FC-SAN 存储，也可以选择分布式存储；在部署结构上，计算节点到 FC-SAN 存储或分布式存储之间的链路全冗余设计，最大限度地避免平台单点故障。

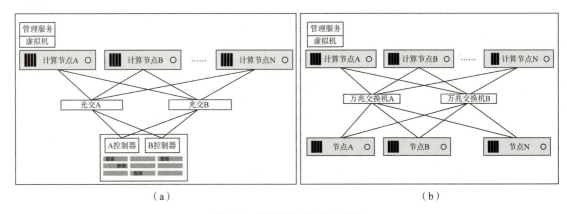

图 6-8 虚拟化平台解决方案

(a)虚拟化平台+FC-SAN 存储；(b)虚拟化平台+分布式存储

虚拟化平台中包含了大量资源调度的功能，如高可用、热迁移、动态资源调度、弹性伸缩等，它能够让虚拟机逾越物理服务器之间的边界实现按需调度。

假设有这样一个场景，如图 6-9 所示。有 3 个计算节点，每个计算节点是 40 Core 和 128 GB 的内存配置，在不考虑本身虚拟化资源消耗的情况下，它可以提供 120 Core 和 384 GB 的内存资源的使用。例如，以 4 GB 和 8 GB 的虚拟机配置为例，我们可以创建 30 台虚拟机。

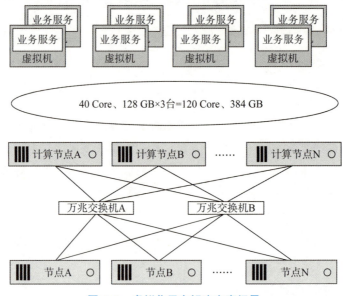

图 6-9 虚拟化平台解决方案场景

2. 虚拟化平台解决方案关键功能

(1)高可用

假如有两台机器，其上运行着 3 台虚拟机(左边 2 台，右边 1 台)，如图 6-10(a)所示。当同一集群内某个计算节点发生了故障，其上承载的虚拟机能够在其他计算节点上自动重新启动，如图 6-10(b)所示，这就是虚拟化平台解决方案中最关键的功能——高可用。它的前置条件是：这两个计算节点需要在同一集群下、连接在同一个共享的存储条件下，并且另外一个计算节点的资源非常充裕。在这个技术场景中，非常关键的任务就是如何去判断节点故障的准确性。

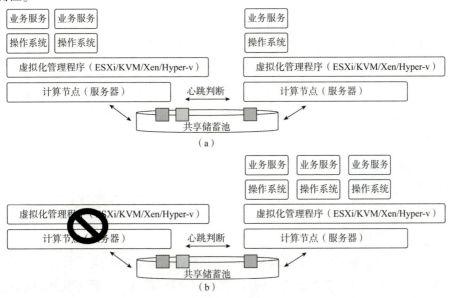

图 6-10　虚拟化平台解决方案关键功能——高可用
(a)故障前；(b)故障后

(2)热迁移

热迁移能够将某计算节点上承载的虚拟机在不停机的情况下迁移到其他计算节点，如图 6-11 所示(注意与图 6-10 的区别)。热迁移的前置条件是，同一集群、同类型 CPU、共享存储、网络配置一致性、资源充裕等。在这个场景下，其技术关键在于网络带宽。例如，计算节点和计算节点之间的迁移网络是万兆网络，那么迁移的效率也会更高。另外，迁移的过程实质上是内存复制的过程，因此，内存校验的准确性也会影响迁移的效率。

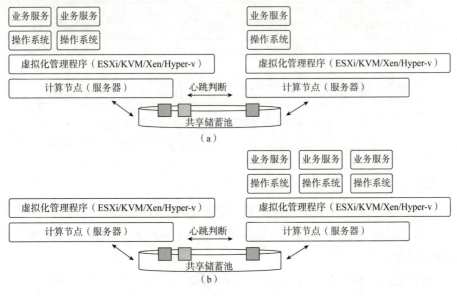

图 6-11　虚拟化平台解决方案关键功能——热迁移
(a)迁移前；(b)迁移后

### 3. 虚拟化平台解决方案存在的问题

假如你拥有 3 个分公司，北京分公司采用 VMware 虚拟化平台，拥有 50 个用户；大连分公司采用 ZStack 云平台，拥有 100 个用户；武汉分公司采用 VMware 虚拟化平台，拥有 200 个用户。那么在虚拟化的场景下，如何解决所有分公司资源的统一管理，如何用一套平台体系统一管理不同资源平台，如何向不同用户按需、自动化地分配和交付资源，以及如何计量计费、服务目录、成本分析及配置管理等。以上是虚拟化平台解决方案无法很好解决的问题，这时就需要用到云平台解决方案。

## 二、云平台解决方案

### 1. 什么是云平台解决方案

虚拟化平台解决方案可以实现物理资源的池化和物理资源的调度，而云平台解决方案除能做这两点以外，还可以做资源的统一管理（多区域、异构平台）、精细化运营（多租户、计量计费）及自服务（服务目录、自助交付）等，如图 6-12 所示。可见，虚拟化平台解决方案能够做资源的池化、高可用和热迁移等，但是它缺少了资源层面的管理，这部分就需要云平台解决方案来实现。

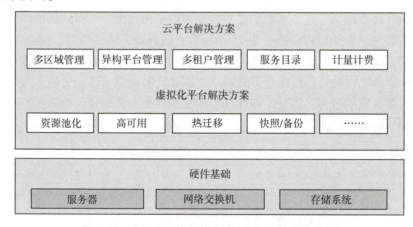

图 6-12　虚拟化平台解决方案 VS 云平台解决方案

### 2. 云平台管理功能

（1）多租户管理

一个云平台一般被多个不同的租户使用，特别在教育场景和集团公司场景下，如何对不同的租户进行网络的隔离（网络自定义）和资源的隔离，同时希望产生自己 IT 价值；以及如何对租户进行计量计费。

首先，可以通过虚拟私有云（Virtual Private Cloud，VPC）做资源的网络隔离，通过租户做资源的隔离，通过计费模块做资源的计量计费，这就是多租户管理实现的场景，如图 6-13 所示。

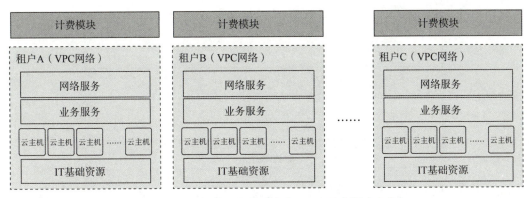

图 6-13 虚拟化平台解决方案 VS 云平台解决方案

(2) 多区域管理

多区域管理可实现如下场景：总部统一管理所有区域(分公司)资源；标准化镜像推送下发，区域管理员不用做个性化镜像封装，所有镜像的封装都由总部统一下发，如图 6-14 所示。总部具备全局资源管理权限，区域具备区域管理权限，区域无法解决的问题，总部可提供二线技术支持。在实际的场景中，客户要实现的场景比这要复杂很多，这里只列举了简单且典型的多区域管理场景。

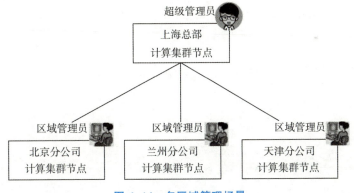

图 6-14 多区域管理场景

(3) 异构平台管理

在 IT 环境中，可能会有多个平台，如图 6-15 所示。对于互联网技术(Internet Technology, IT)来说，希望有一个云管理平台能够把多个平台上的所有资源统一管理起来，面向用户提供一个标准化的服务目录。这就需要借助异构平台管理模块实现。异构平台管理模块能够通过 API 调用方式纳管异构平台，能够屏蔽底层平台的差异性，以标准化的服务目录向用户呈现标准化的资源。

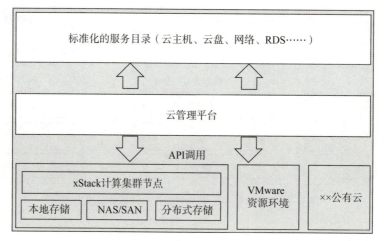

图 6-15 虚拟化平台解决方案 VS 云平台解决方案

云平台的典型特征是既能够管理资源，也能够交付资源，交付的资源也属于云平台本身的环境。云管理平台（Cloud management platform，CMP）与云平台在云管理上类似，但它交付的资源属于第三方平台环境（它自己不生产资源）。而云平台既能够生产资源，又能够交付资源。因为 CMP 是一个垂直的云管理平台，因此它对接第三方平台的范围较广。

## 过关测试

云平台解决方案和虚拟化平台解决方案有哪些本质上的不同？

_____
_____
_____
_____
_____
_____
_____

 拓展阅读

### 企业上云

2018 年，工业和信息化部印发的《推动企业上云实施指南（2018—2020 年）》中，明确提出强化云计算平台服务和运营能力，加快推动重点行业领域企业上云，完善支撑配套服务，制订工作方案和推进措施，组织开展宣传培训，推动云平台服务商和行业企业加强供需对接，有序推进企业上云进程。

企业上云，是指企业以互联网为基础，进行信息化基础设施、管理、业务等方面的应

用,并通过互联网与云计算手段连接社会化资源,共享服务及能力的过程。当企业转型为平台型组织后,还应该走向"企业上云",即把自己变成一个"云组织"。

国家大力鼓励企业上云,通过推动企业上云,重构企业核心竞争力,促进产业的协同发展,最大限度地创造企业价值。业界已经普遍承认,"企业整体上云"的趋势不可逆转。

那么,为什么国家要大力鼓励企业上云?上云之后能够解决什么问题呢?

从微观方面来讲,企业自身发展难题使其产生了对云计算的需求。对大部分企业而言,使用云计算服务多是因为IT系统及基础设施的更新换代、IT成本居高不下、资源利用率低、IT资源管理困难、安全程度低等。因此,企业上云要根据自身IT系统的情况来定,要考虑企业IT现状、企业发展现状等因素,不能只是为了云而上云。

从宏观方面来讲,企业上云与工业互联网密切相关。工业互联网作为新一代信息技术与工业系统深度融合的产物,日益成为实现生产制造领域全要素、全产业链、全价值链连接的关键支撑和工业经济数字化、网络化、智能化的重要基础设施。如今各国重新认识到制造业的重要性,纷纷提出"再工业化""产业回归"战略,以继续稳固科技发展的制高点地位。

## 模块考核

### 一、单项选择题

1. 云计算的一大特征是( )。
   A. 按需自动服务　　　　　　　　B. 无处不在的网络接入
   C. 资源池化　　　　　　　　　　D. 快速弹性伸缩

2. 在云计算中，IaaS 指的是( )。
   A. 平台即服务　　　　　　　　　B. 软件即服务
   C. 基础设施即服务　　　　　　　D. 资源即服务

3. 将平台作为服务的云计算服务类型是( )。
   A. IaaS　　　　B. PaaS　　　　C. SaaS　　　　D. 以上 3 个选项都是

4. 云计算是指 IT 基础设施的( )模式。
   A. 传输和分配　　B. 互换和共享　　C. 交付和使用　　D. 整合和优化

5. 下列( )特征不是虚拟化的主要特征。
   A. 高扩展性　　　B. 高可用性　　　C. 高安全性　　　D. 实现技术简单

6. 云计算是一种按使用量付费的模式，这种模式提供可用的、便捷的、按需的网络访问。进入( )的计算资源共享池(资源包括网络、服务器、存储、应用软件、服务)，这些资源能够被快速提供，只需要投入很少的管理工作，或者与服务供应商进行很少的交互。
   A. 可配置　　　　B. 单一　　　　　C. 受限　　　　　D. 无限

### 二、填空题

1. ＿＿＿＿＿＿是亚马逊公司的云计算 IaaS 和 PaaS 平台服务。
2. 云存储是一个以数据存储和管理为核心的＿＿＿＿＿＿。
3. 公有云的核心属性是＿＿＿＿＿＿。
4. 私有云主要是为企业内部提供云服务，不对外开放。它主要部署在企业防火墙＿＿＿＿＿＿。
5. 现在流行的慕课就是＿＿＿＿＿＿的一种应用。

### 三、简答题

1. 简述云计算的关键技术。
2. 简述 IaaS、PaaS、SaaS 三者的层次关系。

## 模块实训

模块 6　云计算与按需服务实训任务单

# 模块7　大数据与智慧社会

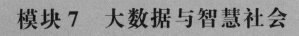

随着信息技术的飞速发展，"大数据"已被认为是继云计算、物联网之后又一大IT行业的颠覆性技术。通过对海量、动态、高增长、多元化数据的高速处理，大数据正在引发全球范围内的经济和商业变革，其应用领域涉及金融、教育、医疗、能源、交通、制造、环保、零售、文化、娱乐等各行业。大数据更是带来了一场政府管理方式的变革，在提高公共决策能力的同时，改变着国家治理的架构和模式。可以毫不夸张地说："大数据时代没有旁观者。"

大数据与智慧社会
- 任务1　认识大数据
  - 任务描述
  - 知识链接
    - 一、大数据的来源
    - 二、大数据的概念与特征
    - 三、大数据的意义及面临的主要问题
  - 过关训练
- 任务2　大数据技术框架
  - 任务描述
  - 知识链接
    - 一、大数据采集
    - 二、大数据存储
    - 三、大数据管理
    - 四、计算引擎
    - 五、大数据分析
    - 六、大数据可视化
  - 过关训练
- 任务3　大数据的应用
  - 任务描述
  - 知识链接
    - 一、大数据与医疗
    - 二、大数据与教育
    - 三、大数据与执法
    - 四、大数据与智能交通
    - 五、大数据与餐饮行业
    - 六、大数据与影视行业
  - 过关训练
- 拓展阅读：大数据与云计算的关系

## 学习目标

| | |
|---|---|
| 知识目标 | 1. 了解大数据的来源、概念、特征与意义；<br>2. 掌握大数据的技术框架及核心技术原理；<br>3. 了解大数据的应用场景。 |
| 能力目标 | 1. 具有阅读、利用、分析和质疑数据的能力；<br>2. 具备自主学习的观念，并善于利用大数据获取个人所需。 |
| 素质目标 | 感受大数据的作用和意义，不断增强创新意识、合作意识、爱国主义情怀和民族自豪感。 |

## 建议学时

6 学时

## 任务1 认识大数据

### 任务描述

每天，世界上都会产生海量的数据。例如，互联网每天产生的内容可以刻满 6.4 亿张 DVD；谷歌（Google）每天需要处理 24 PB 的数据；全球每秒发送 290 万封电子邮件，如果一分钟读一篇，足够一个人昼夜不停地读 5.5 年；推特（Twitter）上每天发布 5 000 万条消息，需要一个人昼夜不停地浏览 16 年……在大数据时代，人人都是数据的制造者、传播者和使用者。那么，这些庞大的数据对我们有什么意义呢？

大数据的战略意义不在于拥有庞大的数据信息，而在于对这些数据分析处理后的巨大价值。本任务将介绍大数据的来源、概念与特征，并带你认识大数据的意义及面临的问题。

 知识链接

### 一、大数据的来源

大数据分析所采用的数据来源有很多种，一般分为以下 5 类。

1. 交易数据

交易数据包括 POS 机数据、信用卡刷卡数据、电子商务数据、互联网点击数据、"企业资源规划"（Enterprise Resource Planning，ERP）系统数据、销售系统数据、客户关系管理（CRM）系统数据、公司的生产数据、库存数据、订单数据、供应链数据等。

2. 移动通信数据

移动设备上的软件能够追踪和沟通无数事件，从运用软件存储的交易数据（如搜索产品的记录事件）到个人信息资料或状态报告事件（如地点变更即报告一个新的地理编码）等。

3. 人为数据

人为数据包括电子邮件、文档、图片、音频、视频，以及通过微信、博客、推特、维基、脸书、Linkedin 等社交媒体产生的数据流。

4. 机器和传感器数据

机器和传感器数据包括来自感应器、量表和其他设施的数据、定位/GPS 数据等。

5. 互联网上的"开放数据"

互联网上的"开放数据"如政府机构、非营利组织和企业免费提供的数据。

## 二、大数据的概念与特征

1. 大数据的概念

2015 年，国务院印发《促进大数据发展行动纲要》，提出了大数据是以容量大、类型多、存取速度快、应用价值高为特征的主要数据集合，正快速发展为对数量巨大、来源分散、格式多样的数据进行采集、存储和关联分析，从中发现新知识、创造新价值、提升新能力的新一代信息技术服务业态。

除国务院对大数据的完整定义之外，不同的组织、机构对大数据的看法也不尽相同。

维基百科认为：大数据是利用常用软件工具来获取、管理和处理数据所消耗时间超过可容忍时间的数据集。

互联网数据中心（Internet Data Center，IDC）的定义：大数据是最新的数据分析技术，它能够实现高频的数据处理，从体量巨大和类型复杂的数据中快速获取价值，提高数据处理的效率。

Gartner 的定义：大数据是需要新处理模式才能具有更强的决策力、洞察发现力和流程优化能力的海量、高增长率和多样化的信息资产。

2. 大数据的特征

对于大数据的特征，学术界普遍认可的是麦肯锡公司提出的"4V"特征，即规模性（Volume）、多样性（Variety）、高速性（Velocity）、价值性（Value）。IBM 在研究报告中提到大数据的特性还应该包括准确性（Veracity）。弗雷斯特研究公司的分析师鲍里斯·埃韦尔松和布赖恩·霍普金又提出了易变性(Variability)。

(1) 规模性(Volume)

大数据的数据量大，包括采集、存储和计算的量都非常大。例如，百度、腾讯、阿里巴巴等网络公司，其数据集的容量单位已经达到了 ZB(1 ZB = 1 万亿 GB)。

(2) 多样性(Variety)

大数据的类型繁多，并且以非结构化数据为主。大数据中有 70%~85% 的数据是如图片、音频、视频、网络日志、链接信息等非结构化和半结构化的数据。

(3) 高速性(Velocity)

数据的数量和类型都在不断增加，直接影响的就是数据的处理速度。例如，我们使用的智能手机和计算机不断地更新换代的最主要的原因就是智能设备 CPU 的处理速度必须要跟上数据增长的速度，否则就会造成卡顿。由于数据自身具有时效性，其所能挖掘的价值可能稍纵即逝，如果大量的数据来不及处理，就会变成数据垃圾。因此，现在的网络市场，各大互联网公司进行的不仅仅是数据的竞争，同时还是速度的竞争，要想在市场中占据主动地位，就必须要对拥有的数据进行快速、实时处理。

(4) 价值性(Value)

例如，2014 年，美国波士顿马拉松爆炸案中，警方从现场调取了 10 TB 的监控数据才找到了一张嫌疑犯的照片。可见，虽然大数据的价值密度很低，但它背后潜藏的价值巨大，主要体现在从大量不相关的各种类型的数据中，挖掘出对未来趋势与模式预测分析有价值的数据，并通过机器学习、人工智能或数据挖掘等方法深度分析，将其应用于农业、金融、医疗等各个领域，以创造更大的价值。

## 三、大数据的意义及面临的主要问题

### 1. 大数据的意义

大数据技术的战略意义不在于掌握庞大的数据信息，而在于对这些含有意义的数据进行专业化处理。换言之，如果把大数据比作一种产业，那么，这种产业实现盈利的关键，在于提高对数据的"加工能力"，通过"加工"，实现数据的"增值"，来获得更深刻的洞见，以及更有价值的产品和服务。

【案例 1】华尔街有炒家利用计算机程序分析当时全球 3.4 亿微博账户的留言来判断民众情绪，再以 1~50 为其打分，根据分数高低处理手中的股票。其判断原则很简单：如果多数人表现兴奋，那就买入；如果大家的焦虑情绪上升，那就抛售。这一数据分析软件帮助该炒家在当年第一季度获得了 7%的收益率。

【案例 2】每天早上打开邮件，首先映入眼帘的就是各大电子商务网站发出的订阅邮件和个性化推荐的邮件，这是商家通过对用户的页面停留时间、浏览与购买商品的分类等数据进行分析后做出的推荐，使消费者享受到更方便和更具个性化的服务。

大数据的意义或作用归根到底就是辅助决策。利用大数据分析，能够总结经验、发现规律、预测趋势，这些都可以为辅助决策提供服务。我们掌握的数据信息越多，我们的决策就越科学、精确、合理。

### 2. 大数据面临的主要问题

从大数据技术的发展与应用过程来看，现阶段其主要存在以下3个方面的问题。

(1) 隐私和安全方面的问题

从大数据技术来看，采集的数据量越多，分析得到的结果越准确，产生的价值也就越大。但是，数据和物质一样，都属于个人或独立组织私有。因此，如何既能保护数据的隐私与安全性，又能满足大数据分析的需要，是困扰大数据技术发展的一个重大问题。而且，大数据由于数据量巨大，往往采用分布式存储方式，使存储路径视图相对清晰，导致数据保护相对简单，黑客或工作人员能够较轻松地利用相关漏洞实施不法操作，造成数据安全问题。因此，大数据隐私和安全治理迫在眉睫。

工业和信息化部发布《通信网络安全防护管理办法》《规范互联网信息服务市场秩序若干规定》，全国人大常委会发布《关于加强网络信息保护的决定》，原国家工商行政管理总局和工业和信息化部联合发布《关于加强境内网络交易网站监管工作协作积极促进电子商务发展的意见》，国家互联网信息办公室发布《互联网用户账号名称管理规定》等，以及《中华人民共和国网络安全法》和《中华人民共和国电子商务法》等陆续颁布施行，在制度建设方面取得了很大的进步，但仍缺乏直接的数据治理立法。《中华人民共和国个人信息保护法》和《中华人民共和国数据安全法》等直接立法成为近年来的关注点。

(2) 存储和处理能力方面的问题

在大数据存储平台上，数据量呈线性甚至指数级增长，各种类型和结构的数据存储，势必会引发多种应用进程并发且频繁无序运行，极易造成数据存储错位和数据管理混乱，为大数据存储和后期的处理带来安全隐患。当前数据存储管理系统能否满足大数据背景下的海量数据存储需求，还有待考验。另外，数据管理系统也应该具备相应的安全机制升级，以确保数据安全可靠。

(3) 处理技术方面的问题

首先，大数据的构成非常复杂，包括了非结构化和半结构化数据。

在很多大数据实例中，结构化数据只占15%左右，其余85%左右都是非结构化数据，它们大量存在于社交网络、互联网和电子商务等领域。另外，有90%左右的数据来自开源数据，其余的数据被存储在数据库中。大数据的不确定性表现在高维、多变和强随机性等方面。例如：股票交易数据流是不确定性大数据的一个典型例子。由于大数据具有半结构化和非结构化特点，所以寻求有效处理这种非结构化数据的方式，成为大数据处理研究的重点之一。

其次，大数据具有复杂性、不确定性等特征，系统建模方式复杂。

从长远角度来看，大数据的个体复杂性和随机性所带来的挑战，将促使大数据数学结构的形成，从而导致大数据统一理论的完备。学术界鼓励发展一种一般性的结构化数据和半结构化、非结构化数据之间的转化原则，以支持大数据的交叉工业应用。大数据的复杂形势导致许多对"粗糙知识"（潜在模式）的度量和评估相关的研究问题。已知的最优化、数据包络分析、期望理论、管理科学中的效用理论，可以被应用到研究如何将主观知识融合到数据挖掘产生的粗糙知识的"二次挖掘"过程中,这就需要研究者具有多学科综合背景,大大提高了研究者的入门门槛。

最后,数据异构性与决策异构性的关系对大数据知识发现与管理决策的影响。

大数据本身的复杂性,对传统的数据挖掘理论和技术提出了新的挑战。在大数据环境下,管理决策面临着两个"异构性"问题,即"数据异构性"和"决策异构性"。传统管理决定模式取决于对业务知识的学习和日益积累的实践经验,而管理决策又是以数据分析为基础。

 **过关测试**

查阅资料,尝试利用 Python 编写一段爬虫程序,主要功能是获取某网站的图片。

> **注意:** 爬虫需谨慎。

## 任务2 大数据技术框架

### 任务描述

大数据的分析流程包括数据采集、数据存储与管理、数据处理与分析及数据可视化等部分,贯穿整个数据链条还需进行数据隐私与安全保护。在以上这些不同的层面,都有相关的大数据技术存在。但是本质上能够代表大数据技术的只有两个:一个是数据的存储与管理(分布式存储),另一个是数据的处理与分析(分布式处理)。无论是 Hadoop 还是 Spark,主要都是用来解决数据存储问题和数据高效计算问题的。

本任务将介绍大数据技术框架每一层的功能与特点,并提出了在以 Hadoop/Spark 为代表的开源框架下,每一层可供选择的实现方案。

 **知识链接**

通用框架下的大数据体系(自底向上)有7层:数据源、数据采集层、数据存储层、资源管理与服务协调层、计算引擎层、数据分析层及数据可视化层,如图7-1所示。

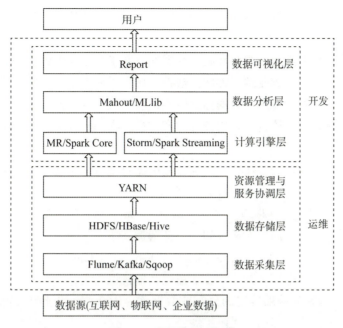

图 7-1 大数据技术框架

## 一、大数据采集

数据采集层关注数据来源于哪里及如何获得数据。其主要职能是，从潜在数据源中获取数据，并进行面向后续的数据存储、管理、分析与建模的预处理。由于在实际场景中，大部分数据源是零散的，采集到一起的难度较大，因此在设计上应该具备如下 4 个特点。

①扩展性：能够配置多种不同的数据源，并且在遇到洪峰时不会成为系统瓶颈。

②可靠性：数据在传输的过程中不能丢失（金融类数据尤其如此）。

③安全性：对于敏感数据，传输的过程要进行加密（密码、金钱等）。

④低延迟：由于数据源采集的日志通常规模庞大，因此，应该尽快收集到存储系统中，不能产生积压。

在以 Hadoop/Spark 为代表的开源框架下，数据采集层通常有如下 4 种选择方案。

①Flume：对于非关系型日志采集比较通用，如文本日志等。

②Kafka：分布式消息队列，类似于数据通道的概念，具有分布式高容错的特点。

③Sqoop：对于关系型数据库的全量导入比较通用。

④Canal：对于关系型数据库的增量导入比较通用。

## 二、大数据存储

数据存储层主要负责数据的落地和存储，包括了关系型数据和非关系型数据，并拥有中央化的调度体系。由于传统的关系型数据库在分布式、扩展性及高可用方面存在一定的瓶颈，因而很难适应大数据场景，不建议作为主要的存储和计算系统。数据存储层主要有如下3个特点。

①扩展性：作为数据落地的主要承载，数据的不断增长是长期的任务，因而集群的承载能力在一定时间内，总会达到瓶颈。因此，数据存储层需要考虑机器的扩展能力。

②容错性：出于成本的考虑，数据存储层通常包含较多的机器，因而需要建设在比较廉价的设备之上，这就要求系统自身有比较好的容错性，在一台或多台机器出现故障时不会导致数据丢失。

③存储模型：由于数据的多样性，数据存储层需要支持结构化和非结构化两种类型的数据，因此需要支持文本、列存等多种数据模型。

Google 通常采用 GFS、BigTable、Megastore、Spanner 等技术方案。在以 Hadoop/Spark 为代表的开源框架下，数据存储层通常有如下 3 种选择方案。

①HDFS：Hadoop 分布式文件系统（Hadoop Distributed File System），GFS 的开源实现，具有非常好的扩展性与容错性，并非常合适搭建在廉价设备上；

②HBase：以 HDFS 为基础构建的分布式数据库，BigTable 的开源实现，能够存储结构化与半结构化数据，支持行与列的无限扩展；

③Kudu：Cloudera 是开源的运行在 HDFS 上的列式存储系统，具备扩展性与高可用性。

## 三、大数据管理

随着互联网技术规模的不断增长，不同技术与框架混用的情况越来越常见，对运维、开发、资源利用等方面产生了巨大的挑战。为了将所有的技术框架部署在统一的平台上共享机器资源，引入了资源管理与服务协调层。引入之后资源管理与服务协调层有如下 3 个方面的优势。

①资源利用高：能够有效考虑程序数量与机器资源之间的平衡性，充分利用集群资源。

②运维成本低：每种框架的运行情况都汇总到统一的运维平台上，对于人员的要求会更低。

③数据能共享：同一份数据能够提供给不同计算框架进行计算，共享计算结果，降低存储与运算成本。

Google 采用了 Borg、Omega 及 Chubby 3 种方案来进行资源管理。在以 Hadoop/Spark 为代表的开源框架下，资源管理与服务协调层通常有如下 2 种方案选择。

①Yarn：Hadoop 框架中负责统一资源管理与调度的系统，能够集中管理机器资源（CPU、内存等），并且能够按照队列的方式调度任务。

②Zookeeper：分布式协调服务，基于 Paxos 算法实现，提供分布式队列、分布式锁等复杂场景的解决方案。

## 四、计算引擎

计算引擎主要分为批处理和流处理两种场景。当数据量庞大并且实时性要求不高，或者计算逻辑复杂时，采用批处理的方式计算数据，以追求高吞吐量；当数据量适中、实时性要求高，并且计算逻辑相对简单时，采用流处理的方式计算数据，以追求低延迟性。除这两种场景之外，近年来，交互式处理方式也越来越受人们欢迎，通过标准化的在线分析处理（Online Analytical Processing，OLAP）方式来组织和计算数据，在使用的便捷性上有巨大的优势。3种引擎的适用场景如下。

①批处理：索引建立、数据挖掘、大规模复杂数据分析、机器学习。

②流处理：广告推荐、实时报表、反作弊。

③交互式：数据查询、报表计算。

Google提供了MapReduce、Dremel两种框架的实现原理，其被开源框架采用且使用场景广泛。Pregel、Precolator、MillWheel也在开源框架下有所采用。目前，以Hadoop/Spark为代表的开源框架下常用的方案有如下4种。

①MapReduce：经典的批处理引擎，具有非常好的扩展和容错性。

②Impala/Presto/Drill：分别由Cloudera、Facebook、Apache开源，使用标准结构化查询语言（Structured Query Language，SQL）处理存储在HDFS上的数据，基于Google Dreml的开源实现。

③Spark：通过DAG引擎，提供了基于弹性分布式数据集（Resilient Distributed Datasets，RDD）的数据抽象表示，主要利用内存进行快速的数据挖掘。

④Storm/Spark Streaming/Flink：流式处理系统，都具备良好的容错和扩展性，实现的细节有所不同。

## 五、大数据分析

出于简化的考虑，可以通过计算引擎层的交互式框架来代替。通常情况下，出于平台端的技术考虑，该层采用MySQL、Oracle、PostgreSQL等关系型数据库的方案较多。一般情况下，分类方式有如下5种。

①Impala/Presto/Drill：交互式计算引擎代替实现。

②MySQL/Oracle/PostgreSQL：关系型数据库实现。

③Hive/Pig：海量数据下的计算实现。

④Mahout/MLlib：常用的机器学习和数据挖掘算法集合，最初基于MapReduce实现，现在大部分由Spark实现。

⑤Beam/Cascading：统一了批处理和流式计算两种框架，提供了更高级的API来实现计算逻辑。

## 六、大数据可视化

在大数据场景下，数据可视化通常由前端插件来实现，如ECharts等，实现选择的方案较多，常见的展现方式有折线图、柱状图、饼图、散点图、K线图、雷达图、热力图、路径图等。

数据可视化层涉及了计算机图形学、图像处理技术等相关学科,并涉及了交互处理、计算机辅助设计、计算机视觉、人机交互等多个技术领域。

## 过关测试

如果你想把过去一个月卖得好的商品放在电商网站的首页上,做出这样一个电商推荐系统会涉及哪些核心问题?

_____
_____
_____
_____

## 任务3 大数据的应用

## 任务描述

大数据本身不产生价值,大数据必须和其他具体的领域、行业相结合,在能够给企业决策提供帮助之后才具有价值。很多企业都可以借助大数据来提升管理和决策水平,提升经济效益。本任务将介绍大数据在各行业中的应用。

## 知识链接

### 一、大数据与医疗

医疗大数据是大数据增长速度非常快的领域之一。大数据在健康领域的终极应用是预测医学,该项技术可以深入解析一个人的健康状况与遗传信息,使医生更好地预测特定疾病在特定个体上发生的可能性,并预测患者对于特定治疗方式的反应。

谷歌流感趋势(Google Flu Trends)正是利用关键词搜索技术来实时有效地预测流感类疾病,避免其扩散,并以此来推进流感的研究。英特尔和Cloudera公司利用大数据帮助美国大型医院集团有效预测患者的住院时间,从而合理分配资源。谷歌人工智能引擎DeepMind与英国Moorfields眼科医院建立合作,对英国国家医疗服务体系(National Health Service,NHS)提供的超过100万份匿名眼部扫描文件进行数据分析和挖掘,设计出一种算法,能更快、更早地检测出老年性黄斑变性(AMD)和糖尿病性视网膜病变(DR)，从而降低病患的失明风险。

在中国，北京大学医院、北京大学计算机实验教学中心联合北京哈维香农信息技术有限公司，建立了"北京大学医院健康大数据研究中心"。该中心以人体健康、疾病预防诊疗信息为基础数据，利用大数据相关技术，能够及时对个体及群体进行健康评估、疾病诊断与防治。此外，我国国家卫生综合管理信息平台采集了各类传染病信息达几千万条，涉及近千万人的电子健康档案数据、几千万人的诊疗数据，实现了我国基础卫生信息资源的管理，方便了医疗卫生机构统计数据和各级卫生行政部门在线汇总数据。

## 二、大数据与教育

大数据与教育的结合促进了教育的创新。芝加哥公立学校使用一款 IMPACT 软件，跟踪记录学生的在校表现，实现学生信息的有效管理；密西根大学开发出了学习者干预系统(M-STEM Academy)，用于对工程系学生的课程完成情况和项目参与度等数据进行挖掘与分析；北亚利桑那大学采用 GPS 及时警告成绩、出勤率或学术成果出现问题的学生；波尔州立大学开发了一个可视化协同知识分析应用平台，采用交互设计和信息可视化技术，在学生的协同知识建设活动中用来评估并提升合作者之间的认知。

教育部正在研究如何运用大数据相关技术来整合各类国家在线教学平台所产生的数据，希望准确广泛地研究学生的学习轨迹，深入了解学生在学习活动中的接受情况，再根据不同的学习目标为不同的学生选择不同的学习材料，提高学生个体的学习效果。北京邮电大学建立了一个基于 Hadoop 技术的高校学生行为分析系统，以分布式存储为架构，采集校园大数据环境中的各类数据，并对其进行存储预处理，分析的结果对学校教育和教学决策起到了非常重要的支撑作用。

## 三、大数据与执法

大数据带来了执法手段的革新。监控及存储成本的大大降低给执法部门的数据收集和记录监控提供了极大的便利，同时为执法部门的电子证据采集、情报研判、犯罪预测提供了丰富的数据基础。

美国洛杉矶与孟菲斯警方所使用的犯罪预测软件——PredPol，在其主页面显示了一张城市地图。该软件借助各种算法，能根据某个地区过往的犯罪活动进行数据统计，计算并显示出某地发生犯罪的概率、犯罪类型及最有可能犯罪的时间段。在此基础上，警方在犯罪"热点"区域加强巡逻警力，有效降低了辖区内的犯罪率。

## 四、大数据与智能交通

智能交通系统中的固定检测器(微波雷达、电子眼)、移动探测器(装载 GPS 的出租车、公共汽车等)、各种智能终端负责采集交通信息、管控信息、营运信息、GPS 定位信息和

RFID 识别信息数据；警用地理信息系统负责对数据进行快速处理分析，以构建多个信息系统，如交通视频监控系统、公路车辆智能记录监控系统、交通信息采集系统等。智能交通系统旨在实时监测和协调区域内的各类交通流，确保路网交通负荷处于最佳状态，及时发现和处理各类突发事件，疏导交通。交通部门根据该系统科学配置警力，提高应急救援和路障清理能力，从而快速有效地处理突发事件，纠正有关违法行为。

## 五、大数据与餐饮行业

网络上流传了一个非常经典的段子。某必胜客店的电话铃响了，客服人员拿起电话。

客服：必胜客披萨店，您好，请问有什么需要我为您服务的？

顾客：你好，我想要一份披萨。

客服：先生，烦请把您的会员卡号告诉我。

顾客：18866622×××

客服：陈先生，您好！您是住在泉州路一号 11 楼 1703 室，您家电话是 4624×××，您公司电话是 3666×××，您手机号是 1371234××××。请问您想用哪一个电话付费？

顾客：你为什么知道我所有的电话号码？

客服：陈先生，因为我们联机到 CRM 系统。

顾客：我想要一个海鲜披萨。

客服：陈先生，海鲜披萨不适合您。

顾客：为什么？

客服：根据您的医疗记录，您的血压和胆固醇都偏高，您可以试试我们的低脂健康披萨。

顾客：你怎么知道我喜欢吃这种？

客服：您上周星期一在国家图书馆借了一本《低脂健康食谱》。

顾客：好。那我要一个家庭特大号披萨，要付多少钱？

客服：99 元，这个足够您一家六口吃了。但您母亲应该少吃，她上个月刚做了心脏搭桥手术，还处在恢复期。

顾客：那可以刷卡吗？

客服：陈先生，对不起。请您付现款，因为您的信用卡已经刷爆了，您现在还欠银行 3 807元，而且还不包括房贷利息。

顾客：那我先去附近的提款机提款。

客服：陈先生，根据您的记录，您已经超过今日提款限额。

顾客：算了，你们直接把披萨送到我家吧，家里有现金。你们多久能送到？

客服：大约 30 分钟。如果您不想等，可以自己骑车来。

顾客：为什么？

客服：根据我们的 CRM 全球定位系统的车辆行驶自动跟踪系统记录，您登记有一辆车号为 ZWB-448 的摩托车，而且目前您正在解放路东段华联商场右侧骑着这辆摩托车。

……

这个段子一方面说明了大数据时代人们的隐私暴露问题,另一方面也揭示了大数据在餐饮行业的应用。

段子中的客服为什么能够对一位普通客户了如指掌,并进行如此精准的销售呢?这是因为他们的背后有一套神奇的销售系统,如图 7-2 所示。它不但能根据客户打来的电话识别出客户的身份信息,还接入了医疗系统,了解客户的血压和胆固醇;又根据客户在国家图书馆的借书记录,为客户推荐出低脂健康披萨,同时顺便掌握了客户母亲的健康状况;当客户要付款时,这套系统又把客户的信用记录调阅了;当客户提出要送货的时候,这套系统又把客户的车号为 ZWB-448 的摩托车定位了……

图 7-2 销售系统

可以看出,这套销售系统收集了客户大量的数据信息。这些信息一方面来自自己,还有很大一部分来自医疗系统、公共社会服务系统、银行征信系统、全球导航定位系统等。这些数据汇集起来后,这套销售系统最终精确地卖给客户一份披萨。

## 六、大数据与影视行业

《纸牌屋》是曾经非常流行的美剧,它为什么会如此受到人们的喜爱呢?让奥巴马都如此痴迷呢。

《纸牌屋》是由网飞公司出品的一部美剧。网飞是美国最大的 DVD 与网络视频租赁网站。他们在国内有 2 700 万用户,全球用户有 3 300 万。他们从流媒体视频用户处收集到的数据异常惊人:用户的每一次搜索、每一次暂停、每一次积极或消极的评价,还有位置数据、设备数据及社交媒体数据等。在分析完这些数据之后,他们发现这些观众都喜欢演员凯文·史派西,以及导演大卫·芬奇,并且喜欢 1990 年的英国同名电视剧,将这 3 项综合在一起,网飞下定决心拍摄《纸牌屋》,并将数据分析运用得淋漓尽致。网飞在观影页面上提供暂停后截图的功能,其依靠这种数据来判断观众更喜欢哪种布景和画面。网飞投下 1 亿美元,创作了两季共 26 集的电视剧,并将第一季 13 集一次性在网上播出,博得一片叫好之声。这部用大数据"算"出来的电视剧,包含了 3 000 万用户的收视选择、400 万条评论、300 万次主题搜索,最终,拍什么、谁来拍、谁来演、怎么播,都是由数千万观众的客观喜好统计所决定的。

其实大数据蕴含着无穷的商机，还会影响到各行各业。例如，沃尔玛的分析人员发现，欧美的主妇通常都会要求丈夫下班后，顺便给孩子买尿布回来。而他们在买尿布的同时也会顺便带几瓶啤酒回家，这样，沃尔玛就将啤酒和尿布组合放在一起。就这样，尿布的销售促成了啤酒的热卖。

大数据正在形成一条新的产业链，如图7-3所示是由赛智咨询提供的大数据产业链。

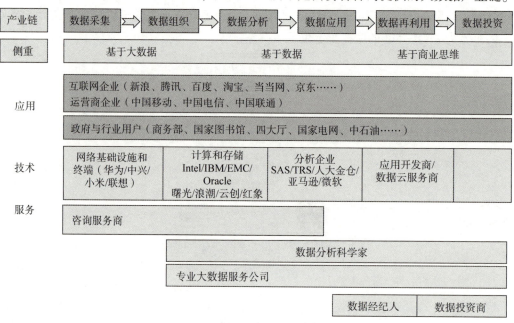

图7-3 大数据产业链

从图7-3中我们可以发现，各行各业可以从大数据产业链中的数据采集、数据组织、数据分析、数据应用、数据投资等方面进行淘金，互联网企业、运营商企业、政府和行业用户、应用开发商、数据云服务商、咨询服务商等，将形成一套完整的大数据生态环境。

## 过关测试

与同学一起体验网上不同购物平台的推荐商品差异，思考具体原因。如有可能，练习网页爬虫，通过网页爬虫，了解大数据的开发思路。

 拓展阅读

## 大数据与云计算的关系

大数据技术的发展离不开云计算等技术的支持。云处理为大数据提供了弹性可拓展的基础设备，是产生大数据的平台之一。

云计算的本质是一种基于互联网的应用模式。一方面，大数据与云计算是相辅相成的。大数据着眼于"数据"，聚焦于具体的业务，关注"数据→价值"的过程，看中的是信息积淀。云计算着眼于"计算"，聚焦于IT解决方案，关注IT基础架构，看中的是计算能力（包括数据处理能力及系统部署能力）。没有云计算的处理能力，大数据的信息积淀再丰富，也难以甚至无法落地。另一方面，云计算涉及的关键技术，如海量数据存储、海量数据管理、分布式计算等，也都是大数据的基础支撑技术。

未来，大数据和云计算两者的关系将更为密切。除此之外，物联网、移动互联网等新型计算形态也将一齐助力大数据革命。

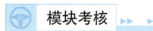

## 模块考核

**一、单项选择题**

1. 大数据具有"5V"特征，包括规模性、多样性、高速性、价值性以及（　　）。
   A. 可用性　　　　B. 准确性　　　　C. 高可用　　　　D. 易维护

2. ETL 是 3 个字母的缩写，分别代表（　　）。
   A. 抽取、分析、存储　　　　　　　B. 清洗、转换、分析
   C. 抽取、转换、加载　　　　　　　D. 分析、展示、加载

3. 提取隐含在数据中的、人们事先不知道的、但又是潜在有用的信息和知识，是在描述（　　）技术。
   A. 数据清洗　　　　　　　　　　　B. 数据收集
   C. 数据展示　　　　　　　　　　　D. 数据挖掘

4. （　　）是一个高可靠性、高性能、面向列、可伸缩的分布式存储系统。
   A. HBase　　　　B. Hive　　　　C. HDFS　　　　D. YARN

5. 当今社会中，最为突出的大数据环境是（　　）。
   A. 互联网　　　　B. 物联网　　　　C. 综合国力　　　　D. 自然资源

**二、填空题**

1. 一般来说，大数据的来源可以分为_____、_____、_____以及_____等。
2. 数据清洗主要包括_____处理和噪声处理。
3. _____是有目的地进行收集、整理、加工和分析数据，提炼有价值信息的过程。
4. 大数据流程框架中，一个大数据项目通常涉及数据_____、_____和_____。

**三、简答题**

1. 简述大数据的"5V"特征。
2. 分析大数据、物联网和云计算之间的关系。

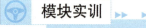

模块7　大数据与智慧社会实训任务单

# 模块8 人工智能与智能生活

 模块导学

　　人工智能是20世纪70年代以来的世界三大尖端技术之一，它在社会生产生活中起到了无可替代的作用。作为计算机科学的一个分支，它企图了解智能的实质，并生产出一种新的、能以人类智能相似的方式做出反应的智能机器，用以延伸人类智能的科学。今天的人工智能已不再是概念，它的时代已经来临，渗透到人们日常生活的各个方面。你想知道什么是人工智能技术吗？你想了解人工智能的原理吗？在本模块中，我们将与大家一起探索人工智能的奥秘。

知识图谱

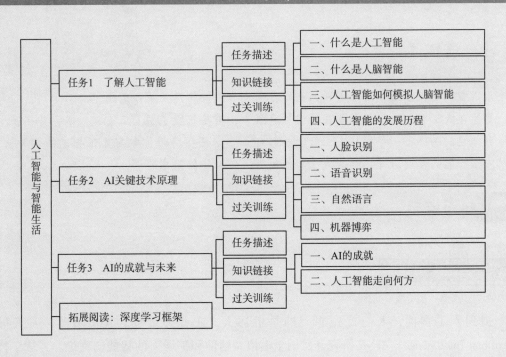

## 学习目标

| 知识目标 | 1. 掌握人工智能的相关概念，了解人工智能的发展历程；<br>2. 了解人脸识别、语音识别、自然语言及机器博弈的原理；<br>3. 了解人工智能的社会价值与未来展望。 |
| --- | --- |
| 能力目标 | 1. 具备使用生活中人工智能产品的能力；<br>2. 能辨析人工智能在社会应用中面临的伦理、道德和法律问题。 |
| 素质目标 | 1. 培养学生学习人工智能的热情和创新思维，激发爱国主义情怀，增强使命感；<br>2. 具备人工智能伦理、道德风险防控意识。 |

## 建议学时

4 学时

## 任务1　了解人工智能

### 任务描述

人工智能是当今众多技术创新的核心，将成为新一轮产业革命的引擎。对于当前的大学生，要想在人工智能时代获得更强的岗位竞争力，需要积极了解人工智能技术，并在基于自身专业知识的基础上，寻找与人工智能的结合点。本任务将带你学习人工智能的相关概念，了解人工智能的发展历程，解密人工智能模拟人脑智能的基本原理。

### 知识链接

### 一、什么是人工智能

提到人工智能，人们首先想到的是机器人，或者是编程。其实不然，人工智能（Artificial Intelligence，AI）是研究开发用于模拟、延伸和扩展人的智能的理论、方法、技术及应用系统的一门新的技术科学，目标是要探索和理解人类智慧的奥秘，并把这种理解尽其可能地在机器上实现出来，从而创造具有一定智能水平的人工智能机器，帮助人类解决各种各样的问题。换言之，就是让机器能够模拟人类的思维能力，让它能够像人一样去感知、思考甚至决策。

那么，怎样让机器像人一样思考呢？要知道，我们看到的世界与机器"看到"的世界是完全不同的。我们看见一棵树，知道那是一棵树；听到一个声音，知道是谁在说话；但是机器看到和听到的一切，都只是一串二进制数字。以前，都是我们去学习计算机编程语言，如C、Java等，将它们写进机器变成各种电信号，然后由它指挥机器去做各种事情。但是现在，我们希望机器能够不依赖这种指挥，就能够根据人的目的自动察觉应该做什么。也就是让机器代入人类的视觉，去学习人类的语言，进而总结经验、揣测人类的行为。

例如，我们在开车的时候，看见行人要减速避让。如果让机器能做到这一点，则首先要让它能够识别出前面有行人，但这对机器来说并不容易。我们从小就与外界环境互动，能够轻易识别出各种人和物，但机器并没有这种认识。因此，科学家提出了符号逻辑、概率统计、神经网络、进化仿生等各种方法，来教机器根据"看"到的东西不断总结特征，进而做出正确的判断。当机器拥有了这种智慧，我们就可以说它具备了人工智能，那时的它就不再是简单的工具，而是人类的朋友。它可以不惧疲劳代替我们驾驶汽车，可以不怕烟雾进火场救人，还能成为城市的大脑，指挥电网和交通网的运行，甚至代替科学家去探索未知的物理和生物规律。

## 二、什么是人脑智能

要让机器能够像人一样去感知、思考甚至决策，就得知道人类是如何思考的。

人们能够用语言描述场景，能够与他人交流沟通，能抽象推理并且具备同理心等。这些复杂的人际智能是如何实现的呢？是因为我们有一个强大的大脑。这个仅占身体重量2%的器官，每天消耗的能量却占人体消耗总能量的20%。究竟是怎样一种工作模式让大脑如此消耗能量？

科学家们发现，大脑的功能主要通过大量神经元的信息交流来实现。神经元是一种生物细胞，每个成年人的大脑里有一千多亿个生物细胞，而每个神经元又通过成千上万个神经突触彼此连接，编织成了一个极其复杂的神经网络。我们储存记忆、思考问题都是神经网络集体活动的结果。外界的各种信息通过感觉神经传入人脑，以生物电和化学信号的形式经由神经突触在整个神经网络中传递，并激活处理不同信号的大脑片区。经过复杂的运算，最终输出一个稳定的结果，也就是我们对事物的印象和感受。

神经元之间的连接方式正是信息穿越网络的方式，也是我们思考的方式。奇妙的是，神经元之间的连接不是固定的，新形成的经验或是新习得的技能都会影响神经元的连接方式，改变我们的思维，这是大脑具备可塑性的神经基础。

人脑智能有很多高级的功能，如推理和计算，实际上，它们都是从一些简单信息的关联发展而来的。例如,当一个小孩经历几次手靠近火苗的灼烧感,就能在火和烫手之间形成关联,从而掌握"火很危险"这一知识。大脑神经元会以特定的连接方式,将这一经验储存下来。当我们学习更复杂的东西时,就需要不断建立和强化神经网络的关联,通过反复练习接收相似的信息,反复刺激和强化大脑中对应的神经元连接,从而形成局部优势网络,让我们对某项技能越来越熟练,调用知识越来越迅速。

近几十年来,科学探索让我们极大加深了对人类大脑的了解,但未解之谜还有很多。不过,人工智能这种让机器模拟人脑智能的科学,已经开启了它的探险之旅。

## 三、人工智能如何模拟人脑智能

### 1. 如何让机器像人一样思考

人工智能的源头在于如何描述人类的思维过程,这中间经过了自然语言、数学符号和计算机实现3个阶段。

语言表达的是一种形式逻辑。例如,从鸟会飞,且燕子是鸟,可以推出燕子会飞。但这种表达并不严谨。自19世纪以来,戈特弗里德·威廉·莱布尼茨、乔治·布尔、弗里德里希·路德维希·戈特洛布·弗雷格等人建立了数理逻辑,将这种推理过程用数学符号表示出来,这使人类的思维过程变得可以计算。形式逻辑与数理逻辑如图8-1所示。

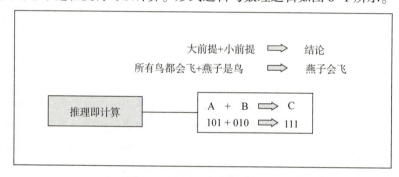

图8-1　形式逻辑与数理逻辑

1946年,世界第一台电子数字计算机 ENIAC 诞生之后,科学家们用它对人类思维进行了模拟。在数学定理的证明方面,计算机表现超群。有了这些铺垫,在1956年的达特茅斯会议上,计算机专家约翰·麦卡锡提出了"人工智能"的概念,AI 从此走上了历史的舞台。

但机器做到什么程度才算智能呢?1950年,英国科学家艾伦·麦席森·图灵提出了一种测试(图灵测试),如图8-2所示。测试者与被测试者(一个人和一台机器)在隔开的情况下,通过一些装置(如键盘)向被测试者随意提问,通过被测试者的回答判断被测试者是真人还是机器。图灵认为,如果有30%的测试者误认为机器是真人,那么这台机器就通过了测试,并被认为具有人类智能。

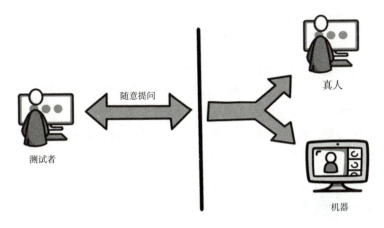

图 8-2 图灵测试

为了挑战这个测试，人们把无数技巧以规则和逻辑的方式交给计算机，试图骗过测试者。可是无论怎么设计，总是被很快识破。这种方法在定理证明方面取得很大成绩，可为什么在图灵测试上却屡屡失败？这是因为逻辑和规则具有精确的特点，而生活常识的特点是模糊，人们很难把生活常识给计算机说明白。于是，科学家们决定让计算机自己学习，这被称作机器学习。

机器学习的一个最重要的方法，就是模拟人类大脑的学习过程，构建一个被称为人工神经网络的机器学习模型。

人脑由很多神经元组成，它们之间互相连接的强度是可变的，人们正是通过改变神经元之间的连接强度来学习新事物，或者强化某项技能。而人工神经网络也可以和人一样，通过大量的数据进行学习，自己总结出规律，并将学习成果存储在网络参数上。它不再是一个僵硬的程序，而成了一个可塑的大脑。现代神经网络模型的神经元数量可达千万量级，学习能力极强。有很多智能系统，如人脸识别、语音助手、围棋 AI 等，它们的背后都是一个由神经网络组成的机器大脑和基于这个大脑不知疲倦的学习。

2. 怎样训练人工智能

训练人工智能就像教育小孩一样，想要他学会本领，就要引导他进行学习。对于机器大脑来说，就是引导它从数据中寻找规律。我们在教孩子认识小动物时，会带着他看动物的照片，告诉他这只是猫，那只是狗。一段时间之后，小孩就能发现猫和狗的特征，自己辨认出猫和狗，这在机器学习中被称为监督学习，即给它看题目，并告诉它答案，当它看的题目足够多时，自己就会做题了。这种方法经常被用于各种识别任务，如人脸识别、车牌识别及肿瘤诊断等。

和监督学习相对的是无监督学习。无监督学习只有题目而没有答案，AI 只能根据自己观察到的特征，把认为相似的东西分成一组，虽然它不知道谁是猫，谁是狗，但是也能把它们区分出来。这种方法很适合从一堆东西中找到隐藏的规律，就像对一堆颜色各异的积木分类，可以按形状分类，也可以按颜色分类一样，它的用途要比监督学习更广泛。

还有一种方法是强化学习。它不需要 AI 做题，而是直接和环境互动，通过环境给出的奖惩来学习，目的是通过一系列动作获得最大的奖励。在互动的过程中，AI 会不断调整自己的行为,对环境变化做出最佳的应对。这种方法常被用来训练行为,如玩游戏、无人驾驶、推送广告等。

在实际应用中,监督学习、无监督学习和强化学习3种方法经常被综合使用,让AI学会各种酷炫技能。例如,有一种生成对抗网络的训练方法,它将两个AI放在一起,一个负责创作,一个负责完善。通过来回对抗,最终训练出一个创作达人。它可以无中生有画出一张逼真的人脸,还能以假乱真进行艺术创作。可以看到,机器学习让人工智能越来越强大。

## 四、人工智能的发展历程

### 1. 人工智能的起源

人工智能是在20世纪50年代提出的。1950年,马文·明斯基和邓恩·埃德蒙一起,建造了世界上第一台神经网络计算机,这也被看作人工智能的一个起点。1956年,在由达特茅斯学院举办的一次会议上,计算机专家约翰·麦卡锡提出了"人工智能"一词。后来,这被人们看作人工智能正式诞生的标志。

就在这次会议后不久,麦卡锡从达特茅斯搬到了麻省理工学院。同年,明斯基也搬到了这里,两人共同创建了世界上第一个人工智能实验室——MITAILab实验室。值得指出的是,达特茅斯会议正式确立了AI这一术语,并且开始从学术角度对AI展开研究。自此不久,最早的一批人工智能学者和技术开始涌现。达特茅斯会议被广泛认为是人工智能诞生的标志,从此,人工智能走上了快速发展的道路。

### 2. 人工智能的第一次高峰与低谷

在1956年的这次会议之后,人工智能迎来了属于它的第一段热潮。在这段长达十余年的时间里,计算机被广泛应用于数学和自然语言领域,用来解决代数、几何和英语问题。这让很多研究学者看到了机器向人工智能发展的信心。甚至在当时,有很多学者认为:"二十年内,机器将能完成人类能做到的一切。"

可是在20世纪70年代,人工智能进入了一段痛苦而艰难的岁月。由于科研人员在人工智能的研究中对项目难度预估不足,不仅导致与美国国防部高级研究计划局的合作计划失败,还让大家对人工智能的前景蒙上了一层阴影。与此同时,社会舆论的压力也开始慢慢压向人工智能,导致很多研究经费被转移到了其他项目上。在当时,人工智能面临的技术瓶颈主要是3个方面:第一,计算机性能不足,导致早期很多程序无法在人工智能领域得到应用;第二,计算任务的复杂性不断加大,人工智能程序不堪重负;第三,数据量严重缺失,在当时不可能找到足够大的数据库来支撑程序进行深度学习,这很容易导致机器无法读取足够量的数据进行智能化。

因此,人工智能项目停滞不前,也让一些人有机可乘。1973年,Lighthill针对英国AI研究状况的报告,批评了AI在实现"宏伟目标"上的失败。由此,人工智能遭遇了长达6年的科研深渊。

### 3. 人工智能的第二次高峰与低谷

1980年，卡内基梅隆大学为数字设备公司设计了一套名为 XCON 的"专家系统"。这是一种采用人工智能程序的系统，可以简单理解为"知识库+推理机"的组合。XCON 是一套具有完整专业知识和经验的计算机智能系统，这套系统在1986年之前能为公司每年节省超过4 000 美元的经费。有了这种商业模式后，衍生出了像 Symbolics、Lisp Machines 和 IntelliCorp、Aion 等这样的硬件和软件公司。在这个时期，仅专家系统产业的价值就高达5亿美元。

可是，命运的车轮再一次碾过人工智能，让其回到原点。仅仅在维持了7年之后，这个曾经轰动一时的人工智能系统就宣告结束其历史进程。截至1987年，苹果和 IBM 公司生产的台式机性能都超过了 Symbolics 等厂商生产的通用计算机。从此，专家系统不再风光。

### 4. 人工智能的再次崛起

从20世纪90年代中期开始，随着 AI 技术尤其是神经网络技术的逐步发展，以及人们对 AI 开始抱有客观理性的认知，人工智能技术开始进入平稳发展的时期。1997年5月11日，IBM 公司的计算机系统"深蓝"战胜了国际象棋世界冠军加里·卡斯帕罗夫，又一次在公众领域引发了现象级的 AI 话题讨论。这是人工智能发展的一个重要里程。2006年，Hinton 在神经网络的深度学习领域取得突破，人类又一次看到机器赶超人类的希望，这也是人工智能技术取得的标志性的进步。

时至今日，AI 已经走出实验室，离开棋盘，已通过智能客服、智能医生、智能家电等服务场景在诸多行业进行深入而广泛的应用。可以说，AI 正在全面进入我们的日常生活，属于未来的力量正席卷而来。

 过关测试

在我们的身边，有很多图灵测试，你觉得验证码是图灵测试吗？谈谈你的理由。

_____
_____
_____
_____
_____
_____
_____

## 任务 2　AI 关键技术原理

### 任务描述

人工智能在大多数人眼中是神秘的高科技，其实在我们周围早已出现了很多人工智能的应用。例如，人脸识别、智能语音助手等。本任务将重点介绍人脸识别、语音识别、自然语言和机器博弈等技术原理。

### 知识链接

### 一、人脸识别

人脸识别是人类的必备技能，成年人只需要 100 ms 就能辨别出一张面孔，200 ms 就可以完成一轮精确分析。而机器在人脸识别上的水平，在一定程度上已经赶超人类了。

那么，人类是怎样进行人脸识别的呢？

科学家们发现，人脑在识别人脸时，并不是将眼睛、鼻子分开读取后再拼成一张脸，而是分层次的提取信息。当人脸在视网膜上成像后，会先传到大脑的第一层感觉神经，从中解析出简单线条；再传到第二层感觉神经，提取出更多的轮廓信息。这样一层层传递，最后到达我们的大脑皮层，形成人脸的整体形象，然后和我们记忆中的形象做对比，就可以识别出人了。

机器识别人脸也使用了类似的办法。现代人脸识别系统主要是通过一种被称为深度神经网络的结构，来对人脸特征进行分层提取，再和记录的人脸做比对。深度神经网络处理信息的方式和人脑非常相似。外部图像输入后，信号会像人类神经传导一样在网络中逐层传递，一些特征被放大，而另一些特征被缩小，一个经过训练的神经网络，就这样一步步排除干扰，找到那些稳定的人脸特征。

以一个简单的深度卷积神经网络为例。在网络的第一层，它会先提取一些简单的线条，表达图像中某些位置和某些方向上的轮廓；第二层，会根据前一层检测出的线条，提取一些局部特征，如眼睛、鼻子、嘴巴等；到第三层已经可以提取大体的人脸轮廓了。通过这样的多层处理，就可以从原始图片中提取出表达人脸身份信息的有效特征。而光线、位置、姿态等和身份无关的因素，则在特征提取的过程中被一步步地滤除。由于人脸识别系统采用的生物特征和人类识别个体时的相同，这使它非常自然，而且不像指纹和虹膜识别那样，需要被测人主动配合才能使用。这种技术在非侵入状态下就可以快速完成远距离的身份确认。如今，人脸识别的应用已非常广泛，如刷脸支付、刷脸乘车等，在打击违法犯罪方面更是有出色表现。机器对人脸的认识已经非常深刻，给它一张照片，它不仅可以识别身份，还能生成各种姿势和表情，甚至可以推测出照片中的人多年以后的相貌，类似的技术还可以生成换脸视频。

## 二、语音识别

　　自然界的声音丰富多样，我们为什么能区分出风声、雨声及说话声呢？那是因为不同的声音有各自的不同的特征。语音识别的第一步就是将特定的声音区分出来。那么，如何分辨声音的特征呢？

　　在空气中传播的声音称为声波，它是由空气振动产生的，就像我们眼睛所见的画面都是由光波产生的一样。但是计算机不认识光波和声波（它只认识数字），所以，我们要使用录音设备将空气的振动用数字记录下来，这被称为波形图，如图8-3（a）所示。波形图上的每一个点都用一个数字来表示当前时刻下的空气压力，这就是计算机听到的声音。而计算机的"大脑"还会将它们进行简单变换，变换成频谱图，可以将它理解为声音里高、低音的分布，如图8-3（b）所示。就这样，声音变成了一种特殊的声音图片，如图8-3（c）所示。最后，计算机就可以通过分析这些图片，总结其中的特征，并将不同的声音区分出来。不同的发音内容，对应的声音图片也很不相同，这是计算机进行语音识别的基础。

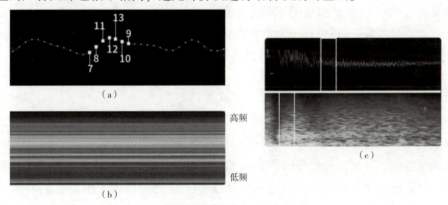

**图 8-3　语音识别原理**
（a）波形图；（b）频谱图；（c）声音图片

　　现代语音识别系统一般都是通过复杂的统计模型，也就是在大量语音数据中找规律来识别语音中的内容的。它们不仅要识别不同的音素，如 a、o、e 等，还要将这些音素组合起来，变成可能的词和句子。为了达到比较高的准确率，语音识别系统要考虑发音上的各种变异，处理发音之间的关联，还要借助语言知识对识别结果进行约束，来解决同音字的问题。例如，"我被鱼刺卡了"就比"我被鱼翅卡了"更有可能性。

　　语音识别技术已被广泛应用于识别各种语音指令，它让我们不需要用手，只用声音就能向手机、智能家居、车载设备等发布命令，不仅便捷，还能免除不少危险。除识别发音内容外，机器还可以通过声音验证我们的身份、判断我们的位置、辨别我们的情绪。结合语音合成技术，机器还能模仿人的发音。有了这些技术做基础，机器就会真正成为我们身边的一位能说会听的好朋友。

## 三、自然语言

或许你会问,自然语言理解就是语音识别吗?其实不是的。语音识别和人脸识别一样,都属于感知外界,它的操作更像是在一段语音和正确答案之间做匹配;而自然语言理解则进入了认知的范畴,它的目的不再停留于分辨出声音是什么,而是要理解其中的含义。例如,"布里渊区是倒空间中由倒格矢的中垂面所围成的区域",这句话里面的每一个字你都认识,但是你却不知道它是什么意思,这就是自然语言理解要解决的问题。

自然语言理解是一件非常困难的事,人类相互之间都经常会答非所问,更别说是人和机器了。曾经,人们尝试让机器模仿人类对语言的理解方式,对句子进行成分分析来实现语义理解,但后来发现,人的语言实在太复杂了,不同的断句、不同的上下文、不同的场景,都可以产生不同的含义,专业知识也让一些原本简单的句子变得很难理解。于是,科学家们提出了一种全新的方法,让机器在海量的语言中自我学习,总结出自己的语言逻辑。其中一个被广泛运用的工具就是词向量。

简单地说,词向量就是单词地图。在 AI 的大脑中有这样一个空间,当我们使用一些词的时候,它就会在某个区域出现。这时我们发现,桃子、苹果、菠萝等词义相近的词放在了相近的区域,如图 8-4 所示。巧克力不是水果,但是"巧克力好吃"和"水果好吃"出现的频率也比较高,所以巧克力也就跟所有好吃的词离得比较近;反之,树木、螺丝刀、火车离它们就比较远。通过词语的向量化,机器就可以将相近的词进行联想,从而实现知识的推理与创造。同时,在词向量之上,还有句向量、文章向量,再

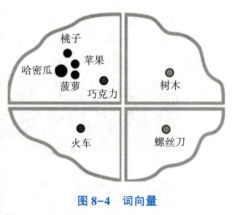

图 8-4 词向量

向上还有语义空间。可见,向量将语言变成了机器擅长处理的数学概念。虽然我们不能断言这是否属于真正意义上的理解,但通过词向量技术,AI 已经做出了很多我们以前无法想象的事,如写诗、写小说、陪人聊天等。翻译和搜索引擎更是自然语言的经典应用,配上语音识别和语音合成技术,机器好像真的能运用语言了。

## 四、机器博弈

机器博弈就是指机器下棋。下棋是人类想到的能够体现机器智能最早的方式之一。2016 年,AlphaGo 因先后战胜世界围棋冠军李世石和柯洁轰动世界。围棋曾被称为人类智力的圣杯,以至于当时棋坛上一片绝望之声。那么,这么艰难的任务 AlphaGo 是怎么做到的呢?你想到的可能是暴力搜索,即穷举所有可能的情况,找到最好的那一种走法。但是,围棋的棋盘是 19×19 的方格,每一格可以下白子、黑子或无子,加起来复杂度达到了 $3^{361}$,这个数目约等于 $10^{172}$。要知道,宇宙中所有原子的总数也才 $10^{80}$,所以暴力搜索是不可能的。

要解决这个问题,首先要想办法缩小搜索的范围。因为人类下棋并不会考虑所有可能的

情况，下棋者只会根据棋感思考最好的那几种走法，然后思考这之后对手最可能的走法，再想接下来自己最可能的走法，如此几步大致作出判断。

AlphaGo 的思考方式与此差不多，它使用两个深度神经网络来充当自己的"大脑"，每个神经网络都可以通过学习人类棋谱或自我对弈来积累经验。其中一个被称为"策略网络"的大脑，它的主要任务是思考下一步的走法，它会凭借学到的经验，给出当前棋局在每个方格落子的概率，概率低的方格会被它忽略，而概率高的方格则被纳入考虑范围。

另一个被称为"评价网络"的大脑，则会根据经验评估在每一步落子之后，黑子或白子赢棋的机会。它不关心过程，只关心最后的结果。那些评价低的棋局，同样也会被丢弃。这样的两个大脑相互配合，就将围棋无比巨大的搜索空间压缩到可控的程度。AlphaGo 也就此成为一个既能把握全局，又能推演局部的围棋大师。

一开始，科学家们使用人类大师的棋谱来给 AlphaGo 积累经验，但后来证明，加入了随机走子、自我博弈之后，AlphaGo 变得更聪明了。这说明人类的认知是有限的，但 AI 却可以凭借超快的自我探索能力突破这种局限。最厉害的是，AlphaGo 的升级版 AlphaGo Zero 完全摒弃了人类的经验，仅通过 3 天的自我博弈训练，就以 100∶0 的战绩完败了它的前辈。

## 过关测试

观察生活中人工智能的应用，选取两个以上的应用，分析其原理。

## 任务 3　AI 的成就与未来

## 任务描述

人工智能来了！普通公众看到的是智能应用的惊艳；科技公司看到的是大势所趋的必然；传统行业看到的是产业升级的潜力；国家层面看到的是技术革命的未来。AI+时代，大学生看到了什么？本任务里，我们将一起了解 AI 成就，展望 AI 未来。

知识链接

## 一、AI 的成就

人工智能的成就众多，除在个性化推荐、自然语言处理、图像视觉算法和人脸匹配与检测技术等领域取得的突破性成果以外，近年来，人工智能在癌症药物设计、蛋白质结构解析等方面也取得了耀眼的成绩。通过解读病人的基因信息，它可以预测可能作为癌症疫苗抗原的基因变异片段，从而设计出不损伤正常细胞，只杀灭癌细胞的癌症疫苗。通过大量学习蛋白质结构和相应氨基酸序列的对应数据，它可以仅凭一段氨基酸序列信息，就能预测出对应蛋白质的三维形态。因为蛋白质形态对生命活动至关重要，所以，这一技能被认为可以帮助解决重大科学问题。

除此之外，科学家们在 AI 情感方面也做了探索。2021 年年初，一项研究显示，机器也可以表现出一丝同理心。在实验中，一个机器人被安排在一个放置了障碍物的桌面上寻找目标，而另一个机器人在观看了它的行动录像之后，只用了几秒钟就预测了它的后续动作，看起来就像是理解了同伴视线被遮挡的处境一样。研究人员认为，这也许是一种原始的同理心，可能成为赋予机器人心智理论的开始。

AI 到底会不会习得人类情感呢？目前，它表现出的情感还是机械的，与人类情感有很大不同。也正因为如此，AI 的情感更难琢磨。但是，未来的人工智能，能够做到机器对话中的情绪识别和情绪合成，人工智能将助推识别并解决情感诉求，让社会更加有温度。人工智能还可通过核心能力的牵引以及情感计算和人文科学研究的加入，全面支撑并且引领线上和线下相结合的未来数字化生存。

## 二、人工智能走向何方

科幻作品中描述的人工智能几乎无处不在，无所不知。人工智能真的能变成那样吗？

早期，基于知识的第一代人工智能在定理证明等任务上取得了巨大的成功，但在更复杂的现实问题中却遇到了困难；而现在的第二代人工智能，利用深度学习和海量数据，可以快速学会新的知识和技能，取得惊人的成绩。例如，Google 公司设计的群体学习机器人，利用 14 台机械臂进行了 80 万次随机抓取尝试，便从一无所知到掌握娴熟的抓取技巧。但目前的人工智能受限于算法结构，应用场景相对狭窄，大多只能解决某个专门领域的问题。同时，虽然它学得很快，但科学家们并不知道这些结果是怎么得出的。人工智能仿佛是一个黑箱，无法保证稳定性和安全性，需要投入大量人力收集的数据和越来越庞大的计算开销，这也逐渐成为人工智能继续发展的瓶颈。

为了解决这些难题，科学家们已经在着手开发第三代人工智能。这一代人工智能的基本思路是融合知识驱动和数据驱动的优点，"建立鲁棒与可解释的 AI 理论与方法，发展安全、可信、可靠与可扩展的 AI 技术"。有人认为，这一代人工智能应将知识和数据进行有效整合，实现更聪明的学习；有人认为，结合脑科学研究，人工智能可以更像人类大脑；也有观点认为，拥有特殊算力的量子计算机，才是人工智能突破瓶颈的关键。

不断发展的人工智能，未来会威胁到人类吗？其实，就像核能可以发电，也可用于制造原子弹一样，这更多是人的问题，而非技术本身。因此，有学者建议，尽快制定开发和规范应用 AI 的法律法规，在鼓励技术进步的同时，降低潜在风险。

人工智能注定会给人类社会带来巨大变革，未来将会如何，我们拭目以待。

## 过关测试

尝试完成一个深度学习平台的安装、调试及使用过程。

_____
_____
_____
_____
_____

## 拓展阅读

### 深度学习框架

深度学习技术的广泛应用，得益于深度学习框架。在智能时代，深度学习框架起到了承上启下的作用，它下接芯片，上承各种应用，是智能时代的"操作系统"。目前，市面上流行的深度学习框架主要有以下几种。

#### 1. Tensorflow

Tensorflow 是全世界使用人数最多、社区最为庞大的一个框架体系。它由 Google 公司出品，维护与更新比较完善，并且有着 Python 加 C++的接口，教程也非常完善，所以它当之无愧地成为深度学习框架界的"老大"。但是有一点，Tensorflow 是非常底层的框架实现，所以使用 Tensorflow 需要编写大量的代码，你必须一遍又一遍地重新搭建适合自己的业务框架逻辑。

#### 2. Theano

2008 年，Theano 诞生于蒙特利尔理工学院，它是为深度学习中处理大型神经网络算法所需的计算而专门设计的。Theano 被认为是深度学习研究和开发的行业标准。和 Tensorflow 类似，Theano 也是一个比较底层的库，并且更适合数值计算等方面的优化。它支持自动的函数梯度计算，带有 Python 接口，并集成了 NumPy，使它一开始就成了通用深度学习领域最常使用的库之一。今天，Theano 依然效果良好，但由于它不支持多图形处理器（Graphics

Processing Unit，GPU)和水平扩展，所以在 Tensorflow 的热潮下，Theano 已然有被遗忘的趋势。

### 3. Keras

Keras 是一个高层神经网络应用程序编程接口(Application Programming Interface，API)，Keras 由纯 Python 编写而成，并且它是基于 Tensorflow、Theano 以及 CNTK 后端而生。它可以工作在 Theano 和 Tensorflow 之上。Keras 具有高度模块化、极简的语法规则、可扩充性以及超乎想象的用户体验等一系列特征。如果你已经掌握了 Python 编程，那么，上手 Keras 会变得非常简单轻松。

### 4. Caffe

Caffe 是一个清晰而高效的开源深度学习框架，与 Tensorflow 的名气一样大。它由加利福尼亚大学伯克利分校的贾杨清博士带队开发。Caffe 的主要优势体现在以下几个方面：一是上手容易，网络结构都是以配置文件形式定义，不需要用代码设计网络；二是训练速度快，组建模块化，可以方便地拓展到新的模型和学习任务上。但是 Caffe 最开始时的设计目标只针对图像，没有考虑文本、语音或时间序列的数据，因此，Caffe 对卷积神经网络的支持非常好，但是对于时间序列 RNN、LSTM 等的支持就稍显逊色。另外，Caffe 还不够灵活。不过，Caffe 也在修复升级中，其功能会越来越强大。

### 5. PyTorch

PyTorch 的前身便是 Torch，PyTorch 可以理解为 Torch 的 Python 版，它是由 Torch7 团队开发的，是一个以 Python 优先的深度学习框架。它不仅能够实现强大的 GPU 加速，还支持动态神经网络，这是很多主流深度学习框架都不支持的。特别是它使用广为流行的 Python 作为开发语言，所以 PyTorch 一经推出就广受欢迎。

目前流行的深度学习框架还有很多，如 ApacheMXnet、Microsoft Cognitive、Toolkit、DeepLearning4J 等。研究者们使用各种不同的框架来达到不同的研究目的。在开始深度学习之前，选择一个合适的框架是非常重要的，它能够令你事半功倍，水到渠成。

## 模块考核

### 一、单项选择题

1. AI 是指（　　）。
   A. Automatic Intellgence　　　　B. Artificial Intellgence
   C. Automatic Information　　　　D. Artificial Information
2. （　　）是实现人工智能的"引擎"。
   A. 数据　　　　B. 算法　　　　C. 计算能力　　　　D. 语音识别
3. （　　）是人工智能发展的硬道理，没有它人工智能是没有用的。
   A. 数据　　　　B. 应用　　　　C. 逻辑　　　　D. 算法
4. 在图灵测试中，如果有超过（　　）测试者不能分清屏幕后的对话者是人还是机器，就可以说这台计算机通过了测试，并具备人工智能。
   A. 30%　　　　B. 40%　　　　C. 50%　　　　D. 60%
5. 人工智能皇冠上的明珠是（　　）。
   A. 数据智能　　　　B. 读写智能　　　　C. 逻辑智能　　　　D. 语言智能
6. 首次提出"人工智能"一词是在（　　）年。
   A. 1946　　　　B. 1960　　　　C. 1916　　　　D. 1956

### 二、填空题

1. 人工智能的复兴，得益于_____技术的突破性进展。
2. 在深度学习过程中，_____至关重要，它是训练机器智能的沃土。
3. 强化学习的本质是实现_____。
4. 深度学习的动机在于建立、模拟人脑进行分析与学习的_____，它模仿人脑的机制来解释_____。

### 三、简答题

1. 简述人工智能的发展目标。
2. 人工智能的发展对人类有哪些影响？

## 模块实训

模块8　人工智能与智能生活实训任务单

# 模块9 区块链与诚信人生

**模块导学**

区块链是目前比较受人们欢迎的前沿技术和新兴领域，是当之无愧的行业热点。区块链技术的应用已延伸到数字金融、物联网、智能制造、供应链管理、数字资产交易等多个领域，在新的技术革新和产业变革中起着重要作用。甚至有人称，区块链是下一代"互联网"。那么，区块链到底是怎样的一门技术？它将给我们的日常生活和商业工业带来什么样的变化？在本模块中，我们将与大家一探究竟。

**知识图谱**

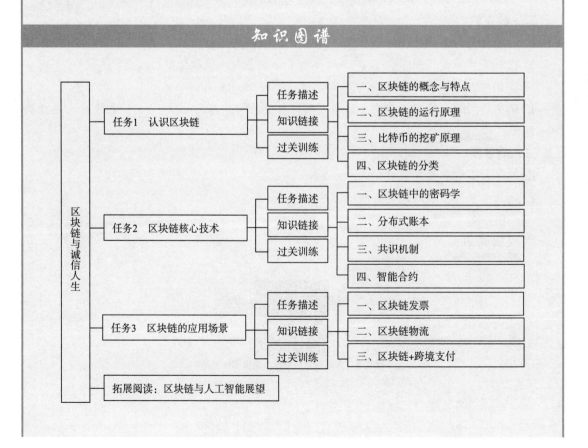

## 学习目标

| | |
|---|---|
| 知识目标 | 1. 掌握区块链的概念、特点、分类及运行原理；<br>2. 掌握分布式账本、密码学、共识机制、智能合约四大核心技术原理；<br>3. 了解区块链中安全机制的设计思想及在相关行业中的应用需求。 |
| 能力目标 | 会用"区块链思维"分析、设计相关行业的应用方案，解决一些实际问题 |
| 素质目标 | 培养学生的"区块链思维"，锻炼学生的抗压能力，做懂法、知法、守法好公民。 |

## 建议学时

4 学时

任务1 认识区块链

### 任务描述

2019年10月25日的新闻联播提到，"国家要大力发展区块链技术"。那么，什么是区块链？它能用来做什么？在本任务中，我们将与大家一起认识区块链的概念、特点、分类及运行原理，并了解区块链与比特币的关系。

### 知识链接

## 一、区块链的概念与特点

#### 1. 区块链的概念

"区块链"（Blockchain）是比特币的一个重要概念。业界和学术界有时也称区块链为分布式记账技术。

着眼当代社会，支付软件、社交网络、云服务等，它们都由互联网和计算巨头管理，这些巨头具有良好的商业信用和技术实力为这些应用背书。但是我们也经常会遇到这样的事件：有的云盘因为机房意外导致我们存储的数据丢失了；某数据公司偷偷贩卖了我们的信息，而我们却无从追溯泄露的源头；有的网站提供的信息被恶意篡改，或者根本就是假的，我们对此却束手无策。可见，这些中心化网络在给我们提供便利的同时也带来了威胁。究其原因，是我们目前存放数据的数据库（或者称为"账本"），它是由单一的中间机构管理的，一旦这个中间机构出现了问题，我们的数据就会面临风险。那么，如何让这份"账本"不被篡改和遗失，而且还可以追溯呢？答案很简单，就是不要单一的中介管理，而是向更多人开放。区块链就给了我们这样一个选择。它可以允许每个人手中都有一份同步的账本，所有人一起记账。一份账本可能会丢失，或者被随意篡改，但是如果有成千上万份账本，再想篡改就变得极为困难，更不会丢失了。

所谓区块链，从技术的角度来说，就是一个不可篡改的分布式数据库。它使用了分布式账本、共识机制、密码学、智能合约等多个核心技术，最终解决了网络中的信任问题。除此以外，区块链也跟互联网一样，不单纯是一种技术，更是一种模式、一种思维。如果说互联网代表高效和集中，那么区块链所代表的思维就是透明、可信、去中心化。

2. 为什么叫区块链

区块链本质上是一个不可篡改的数据库，在数据上传的过程中，数据会被打包在一起形成一个个数据块，被打包好的数据块称为"区块"，将每个"区块"按照时间的顺序连在一起就形成了链式网络，如图9-1所示。由于整个网络结构是由"区块"和"链"构成的，所以给它取名"区块链"。

图9-1 区块链的链式网络

3. 区块链的特点

区块链具有不可篡改、公开透明、全程留痕、可以追溯、集体维护等特点，但最重要的特点是"去中心化"。

我们平时购物所用的淘宝，实际上是中心化的网站。无论是选择商品还是支付交易，对买家和卖家来说，都有一个绕不开的平台——阿里巴巴。它作为一个中心平台，维护着整个网络的购物生态。在中心化的模式里，数据都存储在中心服务器里，一旦这个服务器瘫痪，整个网络都会出现问题。除此之外，行业数据集中在少数几家巨头公司手中，由于数据管理不透明，一旦数据泄露，后果是灾难性的。

所谓的去中心化，就是将中心平台去掉，重新建立一套大家可以共同管理数据且能自由交易的新规则。它的好处就在于，数据信息不再集中，每个人都可以平等参与数据的管理与维护，实现了一种点对点的直接交互，使高效率、大规模、无中心化代理的信息交互方式成了现实。

## 二、区块链的运行原理

区块链的运行原理，其实就是人们在互联网中达成共识、彼此信任的过程。

区块链的实质是一个人人都可以参与记账的大账本，每个人还都拥有一份小账本，小账本可以将大账本里的全部数据备份下来。当一笔交易数据产生后，会有人将这笔数据进行处理，然后同步到每个人的小账本中，交给大家进行确认。只有当其中的大部分人认为这个数据真实可信的时候，这笔数据才会被记录到整个区块链网络的账本中，所有人再去同步更新最新的数据。这个机制的好处就在于解决了信任问题。我们现在产生的社交、购物等数据，都是掌握在中心化的巨头手中的，一旦他们更改了这些数据，我们也无从得知。但放在区块链的世界中，只要有人想更改这些数据，就会跟其他小账本所记录的数据产生冲突，这样很快就会被人们发现，从而保证了数据的安全问题和信任问题。

可见，区块链的运行原理，就是一个大家共同记账、互相验证、达成共识、建立信任的过程。在今天这样一个数据爆炸又缺失信任的时代，区块链可以成为我们头上的一缕阳光，照亮未来数字发展的方向。

## 三、比特币的挖矿原理

### 1. 什么是"挖矿"

区块链中的挖矿与现实生活中的挖矿不同，它指的是区块链网络中的一种奖励行为。

大家知道，区块链实际上是一个人人都可以参与数据处理的数据库。但是如果没有任何报酬，谁愿意平白无故地去做数据维护呢？于是，为了激励大家积极参与数据维护，区块链就有了一个奖励规则，谁能把数据处理得最快最好，并且得到系统的认可，谁就能获得相应数量的比特币作为奖励。因为比特币的数量有限，而且这种行为又与"淘金矿"类似，所以，我们就将通过这种规则获得比特币的方式称为"挖矿"。而参与数据处理的那些人，称为"矿工"。矿工就好像是区块链的保护神一样维护网络的运行，还能守护网络的安全，而且人人都可以参与。

### 2. 挖矿原理

比特币的挖矿原理，实际上就是一个数据的记录过程。区块链是一个人人都可以参与数据处理的数据库，每隔一段时间，就需要矿工将之前没有经过大家确认的交易数据收集起来进行处理。可是矿工有那么多，到底用谁处理的数据？因此，系统就有了一个特殊的机制，所有参与的矿工把数据打包的时候，必须在其中加入一个"哈希值"，而且这个哈希值必须满足一定的条件，这样系统才会认可你处理的数据，谁能最先完成这件事，并把自己的工作成果广播给其他矿工确认，且大部分矿工认为没问题，谁就能获得记录数据的权利及一定的比特币作为奖励。当然，矿工挖矿不仅仅是为了比特币，因为这是维护整个区块链网络的重要环节，挖矿的人越多，参与数据确认的人也就越多，我们的数据也就越安全。

## 四、区块链的分类

按照区块链的开放程度,区块链主要分为公有链、私有链和联盟链 3 种类型。

### 1. 公有链

公有链类似于一份大家共同记账的公共账本,它对任何人都是开放的,每个人都可以参与进来,完全的去中心化,不受任何机构控制。数据由大家共同记录,公平、公正、公开,不可篡改,典型案例有比特币和以太坊等。

### 2. 私有链

与公有链相反,私有链类似于一份属于个人或企业的私有账本。只对个人或企业内部开放。它的数据虽然也不可篡改,但开放程度有限,去中心化程度很弱。但由于参与数据处理的人变少,所以效率会远远高于公有链,典型案例是 Multichain。

### 3. 联盟链

联盟链介于公有链和私有链之间,类似于一份由多个公司组成的联盟内部所用的公用账本,数据由联盟内部的成员共同维护,只对组织内部成员开放。它的去中心化程度适中,可以说是多中性化的。其在效率方面比公有链强,比私有链弱,典型案例有 R3 联盟和原本链。

总的来说,不同类型的区块链有不同的作用。公有链比较偏向于公用建设,而私有链和联盟链则比较偏向于企业或组织方向的应用。

未来,肯定是一个多链并行、百家争鸣的时代。

## 过关测试

学信网就是一个中心化的数据管理系统,毕业生的数据都存储在其中。不法分子利用高科技手段盗用上面的学历证书编号来伪造学历,给用人单位造成了不小的损失,也让求职更加不公。请你结合区块链技术防伪溯源的特征,谈一谈如何利用区块链技术,解决学历造假的问题,以切断青少年的作恶思想,让求职者有一个公平、公正的竞争环境。

_____
_____
_____
_____
_____
_____

## 任务2　区块链核心技术

### 任务描述

区块链的核心技术主要有4个，分别是分布式账本、共识机制、智能合约及密码学。每个技术在整个区块链系统中都有各自的作用。当一笔数据产生后，会由共识机制进行数据维护，通过分布式账本记录在链上，然后交由智能合约去执行，最后由密码学保障整个体系的安全。大家各司其职，共同构建出整个区块链系统。在本任务中，我们将解密区块链的四大核心技术的逻辑和原理。

### 知识链接

#### 一、区块链中的密码学

密码学是区块链的基石，是区块链四大核心技术中最重要的一部分。其他技术正是以此为地基，才搭建出区块链这座高楼大厦。区块链主要应用的密码学算法有两个部分，一个是哈希算法，另一个是非对称加密。

**1. 哈希算法**

简单来说，哈希算法就是一种特殊的函数，无论你输入多长的一串字符，只要通过这个函数都可以得到一个固定长度的输出值。就像我们的身份证号一样，永远都是18位，而且全国唯一，这个值就是哈希值。哈希算法有3个特点，它们赋予了区块链不可篡改和匿名等特性，并保障了整个区块链体系的安全。

第一个特点是单向性。例如，我们输入数据，通过哈希算法可以得到一个哈希值，但是通过这个哈希值是没有办法反推回来得到我们的数据，这就是单向性。也正是基于这一点，区块链才有效保护了我们信息的安全。

第二个特点是抗篡改能力。对于任意一个输入，即便是很小的改动，其哈希值的变化也会非常大。它的这个特性在区块与区块的连接中就起到了关键性的作用。区块链的每一个区块都会以上一个区块的哈希值作为标识，除非有人能破解整条链上的所有哈希值，否则数据一旦记录在链上就不可能被篡改。

第三个特点是抗碰撞能力。所谓碰撞，就是输入两个不同的数据，最后得到了一个相同的输出。而抗碰撞，就是大部分的输入都能得到一个独一无二的输出。在区块链的世界中，任何一笔交易或账户地址，都是完全依托于哈希算法生成的，这就保证了交易或账户地址在区块链网络中的唯一性。无论我的这笔转账转了多少钱,或者转给了多少人,在区块链这个大账本中都是唯一的存在。

在现实生活中,金融支付、电子签名、网站登录、数据库密码存储均是采取了哈希算法。区块链就是使用哈希算法生成数字摘要(电子指纹)来防篡改和进行工作量证明的。哈希算法在区块链技术中是最基础的存在,它就像我们体内的白细胞,不仅区块链的每个部分都离不开它,而且它还赋予区块链各种特点,保护着整个区块链体系的安全。

### 2. 非对称加密

非对称加密是用来对内容进行加密的一种特殊方法。为了更好地掌握非对称加密,我们先来了解"对称加密"方法。

日常生活中,我们会用到钥匙和锁。其中的钥匙在密码学中被称为"密钥"。像这种单独只有一个密钥,既用于加密又用于解密的方式被称为"对称加密"。对称密钥的特点是加密与解密的速度快,缺点是必须建立在信任的基础上。密钥传输容易被截获,如果是多方通信,则多方都必须拥有密钥,这样就极容易泄露密码。在日常生活中,各种门禁卡、银行卡、POS 机刷卡消费使用的都是对称密码。在区块链中,非公开大数据的加密、区块链溯源数据的加密都可以使用对称密码。

而所谓的非对称加密,它会产生两个密钥,其中最核心的被称为"私钥",它由我们自己保留;另一个会被公开的称为"公钥"。它们有一个特点就是,通过私钥加密的内容可以由公钥解密读取出来;反之,通过公钥加密的内容也可以由私钥解密读取出来。

由此可见,非对称加密在区块链中的主要用途,并不是为了保护内容的隐私性,而是为了防止身份被冒充。例如,我们在区块链网络上进行一笔交易时,我无法确定交易的对象是不是你本人。这个时候,就可以让你用私钥加密一段内容,作为数字签名发过来,然后我通过已经公开的公钥进行破解。因为私钥只有你本人保留,如果我用与之对应的公钥成功破解,则说明是你本人在进行操作;如果不能破解,则说明是别人盗用了你的身份。因此,非对称加密在区块链中的主要用途,并不是为了保护内容的隐私性,而是为了防止身份被冒充,它解决了很多交易中的"我是我,这是我的交易"的证明问题。

非对称加密早已深入我们的日常生活。例如我们使用的网银 U 盾,就是你的个人银行私钥;淘宝、微信支付,就是用封装在手机 App 中的私钥证书对支付交易进行了电子签名,用以确定该笔交易的合法性。还有企业工商注册 U 盾、警务系统身份认证、互联网 https 网站、区块链电子发票网站等,均是使用非对称密钥体系。

## 二、分布式账本

分布式账本是区块链的四大核心技术之一,如果说密码学是区块链的基石,那么,分布式账本就是区块链的骨架。

简单地说,分布式账本就是一种数据存储技术,是一个去中心化的分布式数据库。与传统巨头(如阿里巴巴)的分布式数据库相比,分布式账本具有"去中心化"的特点。两种分布式数据库对比示意如图 9-2 所示。

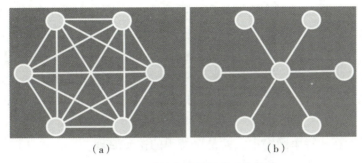

图 9-2　两种分布式数据库对比示意
(a)区块链分布式数据库；(b)传统巨头分布式数据库

假如把数据库看作一份账本，在区块链分布式数据库中，"账本"的维护权分布在每一个人手中，每个人的权限相同，一旦有人篡改历史记录，马上就会被大家发现。此外，这份账本对每个人都是完全开放的，如果你想参与进来，只要通过区块链网络的许可，就可以成为其中的一个节点。而传统巨头使用的分布式数据库是中心化的，虽然账本也是分散存储且有很多个备份，但所有的账本都是由巨头公司去维护、管理数据，其他人是没有维护和管理权限的。

分布式账本不仅仅避免了单点故障，降低了网络遭到黑客攻击和信息丢失的概率，更赋予了区块链去中心化的特点，防止数据都集中在中心化巨头手中，使用户"自己控制自己的数据，自己决定数据的用途"成为现实。

## 三、共识机制

共识机制就是区块链中每个节点都必须遵守的一种规则，在区块链中主要起协调全节点账目保持一致的作用。

众所周知，区块链是去中心化的，基于分布式账本技术，每个人都可以自由地加入，成为其中的一个节点。但是，绝对的自由，必然会带来一定的混乱。例如，假设网络中产生了一笔数据，张三以方式 A 处理，李四以方式 B 处理，两个人的处理方式不同，权限又都平等，那到底用谁处理的数据呢？

为了解决这个问题，区块链的发明者中本聪设立了一套规则——共识机制。每个节点都必须遵守这个规则，让这个规则成为一个中心化的机制，帮助网络自主运行，就好比用法律约束社会的每个人一样。共识机制的内容要包含两点：第一点是解决分布式账本中每个节点怎么记账的问题；第二点是解决不同节点间如何交换信息、达成共识的问题。

当前主流的共识机制分为两种，一种是工作量证明(Proof of Work，PoW)共识机制，另一种则是权益证明(Proof of Stake，PoS)共识机制，限于篇幅，本书只介绍 PoW 共识机制。

PoW 主要是通过竞争记账的方式，来解决区块链网络中各个节点的一致性问题。最开始，这个技术是被用来解决垃圾邮件泛滥问题的。系统要求发送者每发送一封邮件，都要做一定的工作量证明行为，从而提高大量发送垃圾邮件的成本。

区块链中的每个节点都能自由地参与数据处理，即打包区块。为了保证网络中的各个节点能达成一致，PoW 规定，当一笔交易产生后，每一个想要记账的节点，都需要依靠自己的计算能力与他人竞争、争夺记账的权力。竞争的方式：每过大约 10 min，就会进行一轮算力竞赛，参与的节点通过算力不断寻找一个随机数 rand，谁先找到满足一定条件的 rand 值，且通知全网、获得认可，谁就能获得记账的权力。最终，获得记账权的人，他所打包的区块就会连接到区块链的链上，同时，他处理的数据也会被全网的其他节点记入各自的小账本中。

PoW 共识机制在比特币网络中，就是比特币的挖矿原理。它会给获得记账权的节点一定的比特币作为奖励，从而激励更多的人加入。

PoW 共识机制的优势在于，它让每个节点的算力都加入网络的交易认证，基于 PoW 的竞争机制，想要在区块链网络中作恶，必须掌握全网绝对的算力，不然都要面临来自其他人的算力竞争。理论上，除非有人能掌握全网 51% 以上的算力，否则整个网络的任何东西都是无法被篡改的，这样就使网络的去中心化性更强、节点的作恶成本更高。因此，加入的人越多，全网算力就越大，也就越难被人掌握超过 51% 的算力，整个网络也就越安全。

## 四、智能合约

简单地说，智能合约就是一种把我们生活中的合约数字化，当满足一定条件后，可以由程序自动执行的技术。就好比你跟我做了一个约定，我们定好奖惩措施，然后将约定通过代码的形式录入区块链，一旦触发了约定的条件，就会有程序来自动执行，这就是智能合约。

目前，智能合约在互联网中已经有很多应用，如自动还款、无人售货等，但它们多是局限在用户和机构之间的智能合约，而用户和用户之间的智能合约却几乎没有。归根到底，阻碍智能合约发展的根本原因还是"信任"问题。我们生活中的合约，大多数都是陌生人之间存在这种需求而形成的。如果我们相互不认识，在没有第三方机构做担保的情况下，单凭你我之间做一个约定，怎么可能就把钱打给对方呢？因此，智能合约一直没有办法在用户与用户之间普及。

随着区块链技术的出现，人们发现区块链的去中心化、数据不可篡改等特点与智能合约十分契合，可以从技术的角度解决陌生人之间的信任问题，使智能合约在用户与用户之间的大规模落地成为可能。

智能合约有很多的优势。第一，它去掉了中间机构，可以完全依托技术让用户之间自主建立合约；第二，透明公平，智能合约会用代码将条件写得清清楚楚，并记录在区块链上，整个过程完全由程序执行，连编写这个代码的开发者都不能篡改；第三，灵活，任何用户之间都可以通过区块链建立智能合约。

互联网技术本身是用来处理物与物之间的关系，解决的是"效率"问题；而智能合约解决的是"信任"问题。智能合约是区块链的核心技术之一，不仅在区块链中起到了执行的作用，更是区块链的一个应用发展方向，拓宽了区块链的使用场景，正是因为它的存在，才使区块链有了一个更加广阔的舞台。

## 过关测试

请论述，当一笔数据产生时，区块链的四大核心技术如何在区块链中发挥它们的作用？

_____
_____
_____
_____
_____
_____
_____
_____
_____

## 任务3　区块链的应用场景

### 任务描述

2019年10月24日，习近平总书记在中央政治局第十八次集体学习时强调："我们要把区块链作为核心技术自主创新的重要突破口，明确主攻方向，加大投入力度，着力攻克一批关键核心技术，加快推动区块链技术和产业创新发展。"没过多久，数字人民币DC/EP彻底亮相，中国成为首个发行数字货币的国家。至此，无币区块链开始发力，腾讯主导的区块链电子发票在不到一年时间，使用开票达980多万张，金额超70亿元；阿里巴巴主导的区块链物流助力"双十一"突破4 982亿元的成交额。此外，区块链在供应链、版权、法律、教育等领域都有成熟落地的应用。本任务将主要介绍区块链发票、区块链物流及区块链在跨境支付场景中的应用。

### 知识链接

#### 一、区块链发票

所谓区块链发票，就是使用区块链技术开出的一类电子发票，它和传统发票有很大区别。

对于传统发票，无论是纸质的还是电子的，都需要企业自己购买相关的版税控制设备，或者委托第三方才能开出发票，这就存在几个弊端：大家的数据因为是共享的，所以每张发票都很难去追踪验证，导致报销的周期长、流程烦琐；防伪采用的税局分配号段并加盖电子签章的形式容易出现假发票，甚至一票多报的情况；搭建系统费用较昂贵，给小微企业带来较大的负担。

而区块链发票则不同，它相当于国家通过区块链技术建设了一套系统，将大家的消费数据都记录在里面，只要你消费了，系统就会自动给你开出相应的发票，你只需要从微信领取即可。这样就可以从源头解决防伪难、开票难等众多问题。除此之外，由于区块链发票应用了区块链技术，所以数据可共享、可溯源、不可篡改，这样每一张发票的来源和入账信息都很容易查询，大大缩短了审查和报销的周期。因此，区块链发票是目前区块链技术十分重大的一个落地应用。

## 二、区块链物流

所谓区块链物流，就是区块链技术在物流方面的应用。众所周知，当今世界的物流行业，虽然已经极度发达，却仍然存在很多无法解决的问题，而其中最大的一个问题就是"数据孤岛"。

以国内为例，目前国内有 70 万家以上的货运公司，供应链中的参与方极多，但每家公司采用的技术都不一样，造成供应链中的数据无法互通、流程不规范、透明度较低。因此，在跟踪货物时，确定物品的来源和状态都变得极为困难。而这个问题，恰好是区块链技术可以解决的。因为区块链的本质是一份去中心化的分布式账本，所有数据在每个节点中都有备份，这就决定了数据的不可篡改性和透明性。而数据的不可篡改和透明，又构成了信任的基础。这样，当区块链应用在物流领域时，供应链的参与方都会纳入区块链的去中心化系统，这就联通了各个公司的数据孤岛，保证数据的通畅性，而且货物的每一笔交易，也都会被永久性的记录到区块链系统中，每个人都可以轻松查看物品来源地、负责人、交易订单、发票、交货证明等数据，并且可以实时追踪，彻底解决物流中的数据不透明问题。因此，区块链技术在物流领域方面有着极强的应用前景。

目前，国内区块链物流平台，已经成为区块链应用非常重要的发展方向之一，包括阿里巴巴、京东等电商巨头，也在区块链的物流生态上逐渐显露成果。2020 年，区块链物流助力"双十一"突破 4 982 亿元。

## 三、区块链+跨境支付

区块链+跨境支付是一个具有颠覆性的应用场景，甚至有可能重新构建现有国际金融网络。这是为什么呢？原因就在于区块链技术可以绕过现有的国际资金清算系统(Society for Worldwide Interbank Financial Telecommunication，SWIFT)，彻底解决跨境转账时的资金结算问题。

传统的跨境转账模式至少要 1~2 周的时间才能完成转账，之所以这么慢，是因为我们的资金在转账的过程中，需要经手环球同业银行金融电讯协会 SWIFT 的机构，它主要是为各国银行提供结算服务的。

例如：当银行 A 想往银行 C 转账时，在 SWIFT 处理的过程中，不会直接就完成从 A 到 C 转账这一行为，而是需要先通过 SWIFT 中用户的借贷及账户关联等关系，对银行间的账户进行匹配，寻找一个最优路径，一层一层把钱转过去，整个路径是从银行 A 先到银行 B 再到银行 C。当转账金额量级比较大的时候，需要将资金拆分成很多笔，由不同的路径完成转账。而且资金每走一步，经历的每个银行还要由 SWIFT 中心化系统清算一次，这就导致传统的跨境转账流程烦琐、周期较长。

而区块链技术应用在跨境支付领域时，完全绕过了 SWIFT 网络，在现有的基础上重新建设了一个去中心化的转账网络，数据透明可查、不可篡改，天然地解决了信任的问题。

另外，区块链在做跨境支付时，与传统 SWIFT 网络根本性不同的是，SWIFT 网络本质仍是现金的传递，区块链的本质则是信息的传递。因此，当使用区块链做跨境转账时，直接就会从银行 A 转账到银行 C，不存在很长的交易延迟。

目前，区块链+跨境支付是一个 25 万亿~30 万亿美元的巨大市场，像国内外金融巨头蚂蚁、摩根等都已经有了落地的相关产品，相信未来，随着跨境支付与区块链技术的融合，将会出现下一个金融蓝海，构建一个全新的金融时代。

##  过关测试

图 9-3 给出了一个基于 5G、云计算、区块链及密码学的交易流程。通过这个流程，我们可以清晰地看到密码学是如何在区块链中运作的。一个耗时巨大的交易合同，在区块链中以去中心化的模式迅速完成合同验证和成交。请简述这个交易的过程。

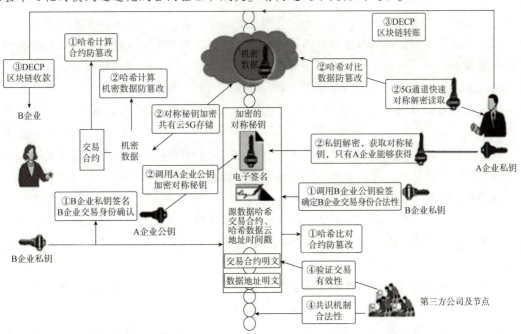

图 9-3　基于 5G、云计算、区块链及密码学的交易流程

 拓展阅读

## 区块链与人工智能展望

人工智能和区块链可以说是技术领域的两个极端方面：一个是在封闭的数据平台上的中心化智能，另一个是在开放数据环境下的去中心化应用。二者在数据共享、信息安全等方面都有共同的特点和需求，这些共同的特点将确保实现它们之间的交互。人们也开始探讨人工智能和区块链融合发展的可能性。

将区块链应用于人工智能领域，可以为人工智能提供更加合乎法律与伦理框架的开放大数据库，提供可控、可追溯的监管框架。另外，将区块链应用在人工智能领域还有以下3个方面的优势：①提高人工智能的有效性。人工智能技术的进步取决于来源的数据，数据共享意味着每个系统都将拥有更多的数据。然后会获得更加稳定的模型、准确的方案和更多的新数据。②提高人工智能的安全性。例如，将敏感数据存储在一个可被人工智能访问的区块链上，只有获得许可和认证的人才能访问，以保证敏感数据的安全。③提供更加值得信赖的人工智能建模和预测。例如，数据采集和数据准备是人工智能项目中最难的部分，如果没有充足的高质量数据，那么无论你的算法有多好，都没有太大的意义。因此，对于一个产品追踪及鉴定平台，可以让区块链负责提供可信数据记录，人工智能利用算法分析实现自动化追踪。

反之，将人工智能附能于区块链，可以让区块链更加自动化和智能化。区块链有其自身的局限性，在能源消耗、可拓展性、安全性、隐私性和硬件等方面，人工智能都可以对区块链施以影响。例如，区块链上的智能合约，实际上是一段实现某种算法的代码，但其编程能力不足，并不能真正智能化。将人工智能模型内嵌区块链进行人工智能链上的推断，使智能合约具备更多的创造力和智能性。通过共识，对外界和自身变化做出响应，驱动各类应用良性发展。

区块链和人工智能的结合是一个未被发现的领域。区块链关注的是保持准确的记录、认证和执行；而人工智能则助力于决策、评估和理解某些模式和数据集，最终产生自主交互。区块链可以为人工智能奠定可信、可靠、可用和高效的数据基础；而人工智能集成到区块链中可以增强区块链的基础架构，提供更强大的拓展场景和数据分析能力，解决区块链的效率

和智能化问题。目前，尽管这两种技术的融合受到了人们相当大的关注，但致力于这种突破性组合的项目目前还很少。未来，只有这两大技术相对成熟，并且有一定规模的应用落地，二者之间的协同和结合才更加有价值和空间。

在数字时代中，我们不仅仅参与其中的巨变，而且也是这个时代的创造者，人人都有机会，而且这个机会让很多人改变！未来只有数字化和非数字化的国家，区块链技术作为一切数据真实和可信的机器，在解决隐私和安全问题领域变得越来越重要。

## 模块考核

**一、单项选择题**

1. 区块链技术的账本是以（　　）方式存储数据的。
   A. 区块　　　　B. 数组　　　　C. 表　　　　D. 文档

2. 在区块链中，假定发生了51%攻击，攻击者能做的是（　　）。
   A. 修改其他节点的信息　　　　B. 修改所有节点的信息
   C. 修改给自己的交易信息　　　　D. 什么都做不了

3. 关于区块链的特点，以下不正确的是（　　）。
   A. 去中心化　　　B. 公开透明　　　C. 安全可靠　　　D. 效率高

4. 区块链的安全性主要是通过（　　）来进行保证的。
   A. 签名算法　　　B. 密码学算法　　　C. 哈希算法　　　D. 共识算法

5. 共识由多个节点按照一定机制验证数据，保证数据的正确性和（　　）。
   A. 一致性　　　B. 完整性　　　C. 安全性　　　D. 多样性

6. 比特币转账手续费是奖励给（　　）的。
   A. 老板　　　B. 平台　　　C. 秘书　　　D. 矿工

**二、填空题**

1. "区块链"是比特币的一个重要概念。业界和学术界有时也称区块链为_____。

2. 对于协作场景来说，参与的个体越_____，参与的程度越_____，区块链就越能发挥它的作用。

3. _____、_____、_____以及_____是区块链的四大核心技术，它们在区块链中分别起到了数据的存储、数据的处理、数据的安全以及数据的应用的作用。

4. 互联网技术本身是用来处理物与物之间的关系，解决的是_____问题，而智能合约解决的是_____问题。

**三、简答题**

1. 简述 PoW 共识机制是如何通过竞争记账的方式来解决区块链网络中各个节点的一致性问题的。

2. 查阅资料，简述 PoS 共识机制的含义及作用。

## 模块实训

模块9　区块链与诚信人生实训任务单

# 参 考 文 献

[1] 张小梅. 信息技术[M]. 北京：北京理工大学出版社，2022.
[2] 陈守森，王作鹏. 新一代信息技术导论[M]. 北京：清华大学出版社，2022.
[3] OK 区块链 60 讲[EB/OL].（2021-04-29）[2023-04-02]. https://study.163.com/course/introduction/1209605829.htm.
[4] 手机拍照专业模式全攻略[EB/OL].（2022-10-04）[2022-11-08]. https://www.bilibili.com/video/BV1qG4y1W7B2/?share_source=copy_web.
[5] 短视频平台有哪些[EB/OL].（2022-10-09）[2022-11-17]. https://m.php.cn/faq/496385.html?code=0712e2Ha1kbKNE0cSxJa14CQa612e2H1&state=STATE.
[6] MATTHES E. Python 编程从入门到实践[M]. 袁国忠，译. 北京：人民邮电出版社，2016.
[7] 张小梅. C 语言程序设计[M]. 北京：北京出版社，2020.
[8] 从一片空白到世界领先，中国通信翻身逆袭史[EB/OL].（2021-08-11）[2022-12-23]. https://blog.51cto.com/u_12788036/3356378.
[9] 眭碧霞，张静. 信息技术基础[M]. 北京：高等教育出版社，2021.
[10] 移动通信的发展史记[EB/OL].（2022-01-12）[2023-01-30]. https://view.inews.qq.com/k/20220124A003ZH00?web_channel=wap&openApp=false.
[11] 杨峰义. 5G 无线网络及关键技术[M]. 北京：人民邮电出版社，2017.
[12] 5G 技术通俗讲解[EB/OL].（2019-03-28）[2023-01-19]. https://max.book118.com/html/2019/0328/8044010106002014.shtm.
[13] 5G 网络结构——5G 技术大有可为[EB/OL].（2022-07-07）[2023-01-31]. https://blog.csdn.net/Sunnyside_/article/details/125650312.
[14] 云计算基础技术及解决方案介绍[EB/OL].（2022-02-24）[2023-02-09]. https://blog.csdn.net/cuichongxin/article/details/104475913.
[15] 解大数据的特点、来源与数据呈现方式[EB/OL].（2019-02-25）[2023-02-27]. https://www.cnblogs.com/lamonein/p/10433251.html.
[16] 大数据技术框架概述[EB/OL].（2021.07-05）[2023-03-07]. https://blog.51cto.com/u_15291990/2979532.
[17] 一次看懂人工智能[EB/OL].（2021-11-22）[2023-04-29]. https://www.bilibili.com/video/BV1134y1d72L?p=10&spm_id_from=pageDriver.